CONTINUITÉ D'ACTIVITÉ

Construire un PCA efficace

Véronique Naly Demachy

Continuité d'ACTIVITÉ

Construire un PCA efficace

CNPP

Dans la collection *Management des risques*

- Piednoël C. *Gestion de crise – Optimiser son organisation et intégrer le facteur humain.* CNPP Éditions.
- Baillif L. *Gestion des risques – De la sécurité à la gestion globale des risques.* CNPP Éditions.

ISBN : 978-2-35505-392-4
ISBN ebook : 978-2-35505-393-1
ISSN : 2823-7951

Éditeur : CNPP Éditions
Route de la Chapelle Réanville – CD 64 – CS 22265 – F 27950 Saint-Marcel
Téléphone 33 (0)2 32 53 64 34
editions@cnpp.com – cybel.cnpp.com

À propos de l'auteure

Véronique Naly Demachy est diplômée de Sciences Po et de la *Brooks University* à Oxford. Elle a débuté sa carrière chez Mazars comme auditrice avant de rejoindre une entreprise britannique pour développer le conseil en management de la continuité d'activité en France. En 1998, consciente de la différence de culture en matière de *business continuity management* entre la France et les pays anglophones, elle a créé la société de conseil MICA pour aider les entreprises à mieux appréhender les problématiques de gestion de la continuité d'activité.

Depuis vingt-cinq ans, elle a développé plus de mille projets de plans de continuité d'activité (PCA) en France et à l'étranger pour des entreprises de services, des industries, des organisations et des logisticiens. Elle a formé de nombreux *risk managers* et responsables PCA et testé en réel plus de trois cents PCA.

Au fil des années, elle a développé une méthodologie pragmatique pour permettre aux entreprises de devenir rapidement autonomes dans la gestion de leurs problématiques de continuité d'activité.

Elle conçoit et anime des formations, notamment pour l'Amrae, CNPP, l'ESA et l'Ifaci. Elle analyse également les systèmes de management de la continuité d'activité déjà mis en place, pour les compléter et les rendre plus efficaces.

Sommaire

Introduction

À la frontière de la gestion des risques et des crises, le management de la continuité d'activité est aujourd'hui au cœur des problématiques des entreprises et des organisations.

Après plusieurs années de crise sanitaire et la multiplication des cyberattaques, assurer la continuité des activités suite à une interruption soudaine et souvent brutale est un objectif qui a dépassé les motivations des *risk managers* et des responsables de la continuité des activités.

Le management de la continuité des activités ne peut plus être qu'un prolongement du plan de continuité informatique ou du dispositif de gestion de crise.

Penser et structurer le management de la continuité des activités de manière globale et transverse est devenu indispensable pour se doter de vrais moyens permettant de faire face à une interruption des activités, quelle que soit sa nature.

En 1996, lorsque j'ai débuté ce métier, les entreprises qui se souciaient d'anticiper une interruption de leurs activités étaient rares en France. La remarque la plus fréquente que j'entendais à cette époque était : « Ce n'est tout de même pas demain qu'un avion va nous tomber sur la tête. » Depuis le 11 septembre 2001, cette phrase a disparu des commentaires de mes interlocuteurs.

Les entreprises, même si elles n'aiment pas se projeter dans un scénario qui viendrait interrompre brutalement leurs activités, ne peuvent plus éviter de se poser des questions face aux crises majeures qui surgissent régulièrement sur notre planète. Les plans de continuité des activités (PCA) déployés dans les entreprises que je connais ont été déclenchés, dans 80 % des cas, suite à des événements qui n'avaient pas été appréhendés par la cartographie des risques ni par l'étude des scénarios de rupture. Quel expert avait prévu une crise sanitaire intercontinentale ? Quelle entreprise peut dire qu'elle ne va pas subir une cyberattaque demain matin ?

Forte des nombreux projets que j'ai suivis depuis vingt-cinq ans, j'ai pu développer une méthodologie pragmatique utilisée par de nombreuses entreprises de tous secteurs d'activité, en France et à l'étranger. En observant les organisations développant des PCA, j'ai compris les conditions de réussite et de maintien en conditions opérationnelles. Cet ouvrage, conçu à partir de mes expériences, rassemble les bonnes pratiques qui pourront aider les entreprises à construire et à faire évoluer leurs PCA pour les rendre plus efficaces et en permanence opérationnels.

Dans ce livre, il m'est apparu indispensable de définir les bases du management de la continuité des activités et d'en déterminer les frontières avec la gestion des risques et des crises. Ces frontières sont encore trop peu appréhendées et cela nuit au développement et à l'efficacité des plans de continuité des activités.

Cet ouvrage aborde également les questions délicates que sont les aspects humains liés au management de la continuité des activités, problématique parfois encore négligée qui conditionne pourtant l'efficacité des solutions de secours. Ce n'est pas parce que le personnel a accepté de travailler presque deux ans à domicile pendant la crise sanitaire que la dimension humaine des PCA doit être occultée.

Ce retour d'expérience s'adresse d'abord aux responsables de projet PCA, directeurs de la sécurité et de la sûreté ou *risk managers*, dont j'ai souvent constaté les difficultés à convaincre leur direction de lancer, d'optimiser et de faire vivre un PCA. J'en ai formé de nombreux. Ils ont capitalisé leur expérience au fil du temps. Ils ont, dans la plupart des cas, dans un premier temps, créé leur fonction à laquelle ils ont donné la dimension et la légitimité nécessaires pour déployer des PCA et les intégrer peu à peu à la culture de leur entreprise.

Cet ouvrage s'adresse également plus largement aux responsables de sites industriels et logistiques, responsables HSE, directeurs financiers, directeurs des ressources humaines, directeurs des services généraux et auditeurs qui ont la responsabilité de développer un PCA ou sont impliqués à différents stades du projet ou, enfin, aux sponsors du management de la continuité des activités.

Sont proposés, au cours de cet ouvrage :

- des bonnes pratiques ;
- des points de vigilance ;
- des tendances et actualités ;
- des retours d'expérience.

CHAPITRE 1

La continuité des activités, les essentiels à retenir

> « Manager la continuité des activités doit entrer dans la culture d'une entreprise et exige une attention constante à moyen terme. »

Naissance du management de la continuité d'activité

Le samedi 24 avril 1993, l'attentat de *Bishopsgate* à Londres, revendiqué par l'IRA, détruit des dizaines de bureaux, de sièges sociaux d'entreprises et d'organisations dans la *City*. Leurs activités sont interrompues pendant plusieurs semaines. Privées de leur lieu de travail habituel, les entreprises et les organisations doivent réagir dans l'urgence pour reprendre leurs activités le plus rapidement possible.

Les conséquences de cet attentat viennent démontrer la limite des seules solutions de secours informatiques qui n'intègrent pas un environnement de site de repli pour le personnel.

Jusqu'à ces événements, anticiper la gestion de la continuité des activités n'avait pas été envisagé par les entreprises de services.

À partir de ce constat, les entreprises de service informatique offrant à l'époque la possibilité de secourir les systèmes d'information vont commencer à réfléchir à des solutions de secours plus globales. L'objectif est d'héberger le personnel des activités critiques dans un court délai après un événement qui viendrait les priver de leur environnement de travail habituel. C'est la naissance des *business continuity plans* (BCP). À Londres, dès 1993, les premiers sites de repli se développent pour les activités bancaires de la *City*, particulièrement les salles des marchés.

En France, c'est l'incendie du Crédit lyonnais, le 4 mai 1996, qui éveille la conscience de la place financière parisienne sur la nécessité de prévoir des plans de continuité des activités.

Le Crédit lyonnais avait cependant anticipé la possibilité d'un sinistre majeur et avait souscrit un contrat de secours auprès de la société Samis, dont elle détenait 33 %. Ce site de repli, partagé entre le Crédit lyonnais, Finacor et la BIP, est le premier mis en place en France. Installés à Levallois-Perret dans une salle de secours mutualisée, les opérateurs de la salle des marchés du Crédit lyonnais reprennent leurs activités. Dès le lundi 6 mai, cinquante postes de travail étaient opérationnels, cette capacité ayant été doublée le lundi 13 mai. Au total, cent-vingt postes – sur les quelques cent quatre-vingts que compte la salle des marché taux-changes de l'établissement bancaire – ont pu poursuivre leurs activités.

Cet événement pousse les autres banques de la place parisienne à réfléchir à des solutions de secours et à développer les premiers plans de continuité des activités (PCA) pour leurs activités critiques.

À cette époque, ils sont essentiellement concentrés sur les salles des marchés et quelques *back-offices* critiques. Il faudra attendre 2006 pour que l'établissement d'un PCA devienne obligatoire et réglementaire (norme Bâle II) pour les établissements financiers et leurs filiales.

Presque trente ans après les attentats de *Bishopsgate* à Londres, tous les organismes financiers et les compagnies d'assurance, à cause de leur réglementation, doivent développer un PCA. Au-delà des modes opératoires, ils doivent s'assurer que leurs solutions de secours sont opérationnelles. Pourtant, les entreprises françaises, une fois leur plan de continuité rédigé, se donnent encore peu les moyens de maintenir leur dispositif et de l'optimiser. Certes, les événements qui bousculent chaque jour notre planète ne peuvent plus laisser les comités de direction insensibles à ces problématiques mais les moyens et les compétences engagées restent limités et souvent peu constants.

Faire la différence avec le management des risques

Risque et impact : à ne pas confondre...

« Probabilité d'occurrence faible, impact fatal ». Voilà où se situe le management de la continuité des activités.

LES POINTS DE VIGILANCE

Probabilité de survenance du risque et impact fatal

- La base de réflexion des gestionnaires de risques dans les entreprises, et plus globalement dans le monde de l'assurance, est la probabilité de survenance du risque. On commence par réduire les risques dont la probabilité d'occurrence est forte, autrement dit les risques que l'on a identifiés comme probables de survenir.
- Or, lorsque l'on approche le management de la continuité des activités, la probabilité d'occurrence d'un événement qui viendrait priver l'entreprise de son environnement de travail ou de ses ressources humaines est très faible. Si l'on se base sur les statistiques des sociétés d'assurance, trois entreprises sur cinq qui subissent un sinistre majeur mettent la clé sous la porte peu de temps après. L'impact d'une interruption majeure peut donc être fatal.

Si un gestionnaire de risques a souvent la motivation de « s'attaquer » au management de la continuité des activités, c'est rarement le premier sujet qu'il va traiter. Il va d'abord gérer les risques qui ont une probabilité d'occurrence plus forte ou plus évidente. S'il réfléchissait non pas sur la probabilité d'occurrence du risque mais sur l'impact d'une rupture majeure sur la continuité des activités de son entreprise, il situerait la problématique à sa juste place.

Les démarches débutent souvent par la recherche exhaustive des scénarios qui viendraient interrompre la continuité des activités d'une entreprise. C'est un exercice impossible. Aucun expert n'avait prédit une si longue pandémie touchant simultanément tous les continents, ni le Printemps arabe, ni la catastrophe nucléaire de Fukushima.

Les événements qui viennent interrompre la continuité des activités n'ont souvent pas été appréhendés dans la cartographie des risques, ni dans l'étude des scénarios de rupture. La réalité démontre que les ruptures majeures sont plus complexes et diffèrent dans leur nature ou leur intensité des scénarios identifiés par temps calme.

Management de la continuité d'activité : schéma de synthèse

Les essentiels du management de la continuité des activités

La faible probabilité d'une interruption des activités ne doit pas être une excuse pour ne rien faire (probabilité d'occurrence faible, impact fatal)

La recherche exhaustive des causes d'interruption est un exercice impossible

Les primes d'assurance versées, aussi significatives soient-elles, ne garantissent pas la continuité des activités

C'est le résultat de l'analyse des impacts des interruptions des activités qui va motiver une direction pour développer des PCA

Assurer la continuité des activités doit être la volonté des dirigeants

Eux seuls peuvent engager les moyens nécessaires pour développer et maintenir des dispositifs en permanence opérationnels pour assurer la continuité des activités

C'est une culture à développer…

EN RÉSUMÉ

Lorsqu'il s'agit de manager la continuité des activités, on devrait d'emblée parler d'impact et non de risques, parce que c'est plus juste et parce que c'est aussi face au résultat de l'analyse des impacts des interruptions de ses activités qu'une direction va prendre conscience de la nécessité de développer des PCA, au-delà de toutes les autres actions de traitement et de réduction des risques qui relèvent du management des risques.

Risque et incertitude : prévoir l'imprévisible

Pour comprendre les différences entre le management des risques et le management de la continuité des activités, il faut se référer aux travaux de Frank H. Knight, prix Nobel d'économie et auteur de l'ouvrage *Risk, uncertainty and profit*.

Frank H. Knight distingue risque et incertitude en utilisant les notions de probabilité. Ainsi, le risque caractérise un avenir ayant une distribution connue ou une distribution qui a pu être estimée par l'étude des événements au fil du temps. Au contraire, l'incertitude caractérise un avenir dont la distribution est non seulement inconnue, mais objectivement inconnaissable, même pas en théorie. Impossible de prévoir l'imprévisible.

À RETENIR

L'incertitude

Selon Frank H. Knight, l'incertitude caractérise un contexte dans lequel la prévision n'est pas possible. Tout phénomène nouveau (par exemple, un scénario d'interruption des activités non appréhendé) se produit dans un contexte d'incertitude. Il n'y a pas de données fiables pour prédire l'avenir et les connaissances du passé ne sont pas suffisantes.

Lorsque survient l'incertitude, il faut mettre en œuvre des mécanismes de pensée et d'action totalement différents. Or, les écoles d'ingénieurs, de commerce ou de management forment les cadres à la gestion des risques et pas à la gestion de l'incertitude. Les grandes écoles forment des gestionnaires de risques, pas des gestionnaires armés pour faire face à l'incertitude.

Avant d'appliquer des méthodes, il faut d'abord réfléchir autrement et correctement situer la problématique. Si on intègre le management de la continuité des activités dans le management des risques, on a peu de chance d'y voir clair.

Quelque temps après avoir débuté la construction d'un PCA, les directions ont souvent des difficultés à maintenir leur motivation et à investir les moyens nécessaires pour maintenir leur dispositif opérationnel. Les directions reviennent souvent, par croyance et faute de connaissances suffisantes, à la réalité de la faible probabilité d'occurrence d'un événement qui viendrait interrompre leurs activités. Il est donc difficile d'engager les moyens absolument nécessaires pour maintenir les solutions de secours opérationnelles. Il ne suffit pas de rédiger un PCA, il faut le faire vivre et le maintenir en conditions opérationnelles.

C'est par temps calme, alliant l'expérience du passé et les compétences en présence, que des PCA à la fois pragmatiques, créatifs et intégrant la notion d'incertitude doivent être pensés. C'est d'après cette logique que devrait être construit un PCA dans les règles de l'art.

Prévoir l'imprévisible est un exercice qui requiert à la fois de la modestie, de la prudence et de la créativité. Les solutions de secours et les modes opératoires associés doivent être souples et adaptables car il n'arrivera jamais ce qu'on avait prévu. La qualité du dispositif de crise pourra alors permettre d'ajuster la mise en œuvre du plan de continuité des activités prévu par temps calme.

Scénarios d'interruption

Si une entreprise ne peut pas prédire l'événement qui pourrait venir interrompre brutalement ses activités, il existe toutefois quelques grandes familles de scénarios d'interruption que l'on peut considérer avant de construire un PCA. Avant de traiter des scénarios complexes ou d'impliquer ses fournisseurs ou ses prestataires critiques, il faut commencer par traiter des scénarios simples.

Le schéma ci-après présente les scénarios d'interruption qui peuvent faire l'objet d'un PCA. Ces scénarios font également partie des standards du management de la continuité des activités. On les retrouve, plus ou moins bien traités, dans la politique de management de continuité des activités des grands groupes (référentiels et gouvernance).

Scénarios d'interruption couverts par un PCA

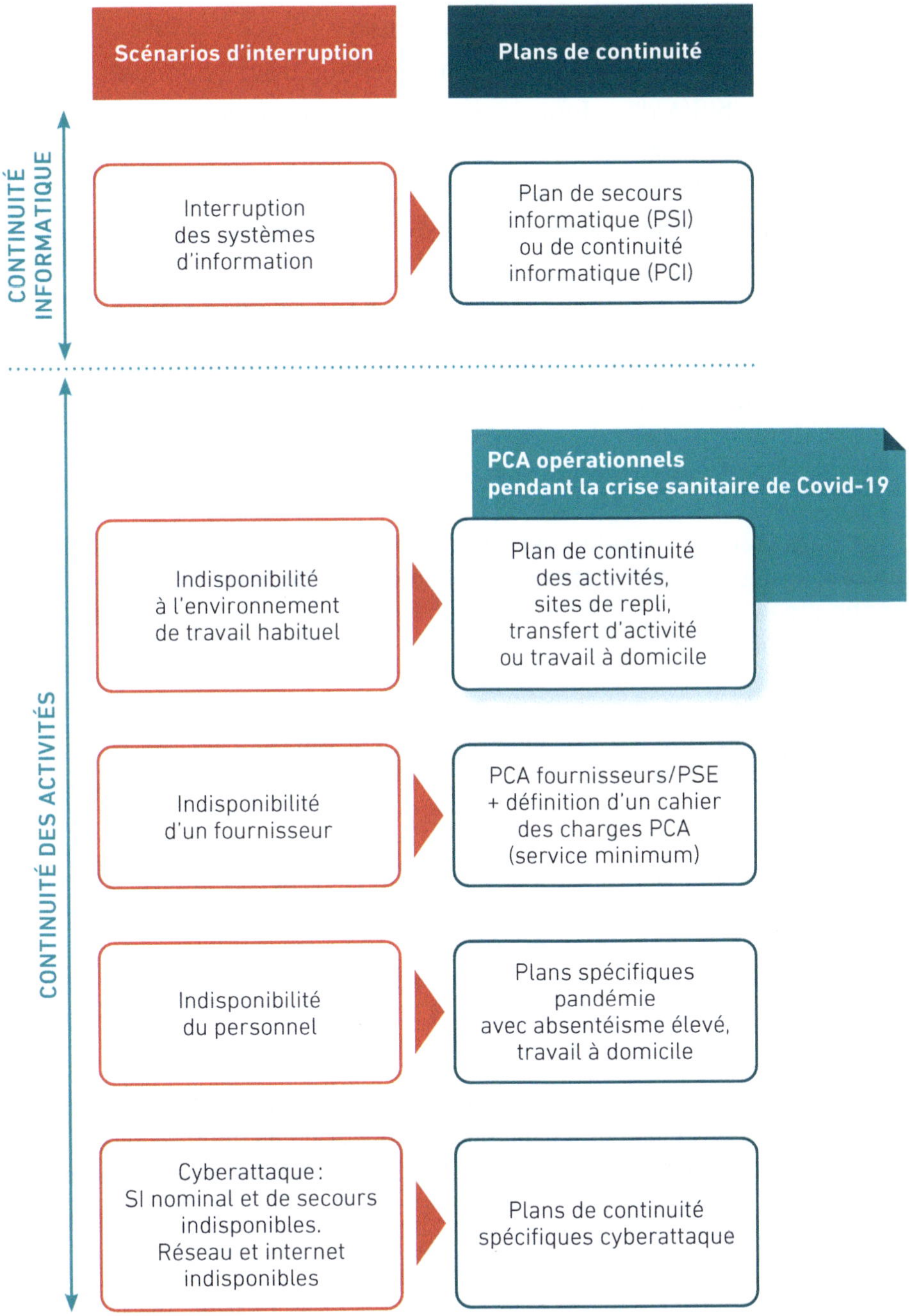

Les six scénarios d'interruption qui ont un impact sur la continuité des activités sont :

- l'interruption des systèmes d'information ;
- l'indisponibilité d'accès à l'environnement de travail habituel ;
- l'indisponibilité d'un fournisseur critique ou d'un prestataire de services essentiels ;
- l'indisponibilité des moyens humains ;
- l'indisponibilité des systèmes d'information nominaux et de secours (cyberattaque) ;
- les scénarios qui relèvent de la gestion de crise (grève, intempéries, événement grave, etc.).

Ils sont décrits dans les paragraphes suivants.

Interruption des systèmes d'information

Il est nécessaire d'appréhender à part entière le scénario d'interruption des systèmes d'information qui fait l'objet d'un plan de secours ou de continuité informatique et qui est sous la responsabilité de la direction informatique.

LES POINTS DE VIGILANCE

PCA et PCI

- ✔ Les amalgames sont encore présents dans certaines entreprises qui nomment, à tort, leur plan de continuité informatique (PCI), plan de continuité des activités (PCA). Le plan de continuité informatique (PCI) va permettre à une entreprise de restaurer son système d'information (accès aux applications et aux données restaurées).
- ✔ Mais attention, en cas de cyberattaque, les plans de continuité informatique ne sont pas adaptés. L'entreprise doit alors isoler son réseau et se couper d'internet. Les utilisateurs n'ont plus accès aux outils informatiques, aux applications, aux données ou à leur adresse mail, nominaux ou de secours.

Des PCA spécifiques doivent être préparés en amont avec les activités les plus critiques pour leur permettre d'assurer la continuité de leurs activités de manière très dégradée, le temps de pouvoir à nouveau avoir accès au réseau. Cette problématique fait l'objet du chapitre 13.

Indisponibilité d'accès à l'environnement de travail habituel

Le premier scénario traité par les entreprises est celui d'une indisponibilité partielle ou totale de l'environnement de travail habituel (bureaux, entrepôt logistique, usine, etc.) pendant une durée indéterminée. Dans 80 % des cas, les entreprises qui ont un PCA ont débuté par la couverture de ce scénario. Il faut déjà avoir travaillé sur cette problématique pour avoir l'expérience et la maturité nécessaires pour couvrir des interruptions plus complexes.

Les enseignements de la crise sanitaire de Covid-19

Toutes les entreprises de services qui avaient des PCA couvrant une indisponibilité de leurs locaux et dont la solution de secours reposait sur le travail à domicile de leur personnel critique ont pu aborder sereinement le premier confinement lors de la pandémie de Covid-19. Leurs salariés pouvaient déjà travailler depuis chez eux. Les investissements techniques et informatiques avaient été réalisés. Leur personnel s'était déjà entraîné à télétravailler pendant une longue période.

Les plans pandémie n'ont pas vraiment servi pour faire face à la crise sanitaire de Covid-19. L'absentéisme n'a pas été celui des scénarios étudiés pour une pandémie telle que celle liée au virus Ébola, par exemple. À part en décembre 2021 et en janvier 2022 où le variant Omicron a généré quelques semaines de fort absentéisme, il a effectivement été faible.

La problématique, pour les entreprises de services, n'était pas de gérer un nombre de malades important et indisponible mais de réussir à faire travailler les salariés depuis leur domicile.

Lorsqu'il s'agit de faire face à l'indisponibilité de son siège social, la construction du PCA repose sur le travail à domicile, communément nommé télétravail.

Avant la crise sanitaire, le télétravail était régi par des accords spécifiques : un à deux jours par semaine de télétravail, dans certaines entreprises, pour certains salariés éligibles.

Le travail à domicile pour une durée indéterminée, mis en place pour faire face à une indisponibilité des locaux était défini par un accord spécifique (accord « Travail occasionnel à domicile » lors de l'activation d'un PCA).

Aujourd'hui, les termes sont confondus et on ne parle que de télétravail. Tous les salariés y sont éligibles et pour une durée indéterminée. Les directives gouvernementales ont légitimé cette pratique et on ne s'inquiète plus de savoir si les salariés vont l'accepter ou pas. Avant la pandémie, les salariés éligibles au travail à domicile pendant une longue durée dans le cadre du PCA l'étaient sur la base du volontariat. Cette notion a disparu. Elle n'est pas véritablement traitée par les entreprises.

Certains dirigeants de sociétés de services pensent qu'aujourd'hui, il n'est plus nécessaire de travailler sur un PCA en cas d'indisponibilité de l'environnement de travail car tous les salariés peuvent travailler à domicile. Cette interprétation est un dangereux raccourci.

Les scénarios d'indisponibilité de l'environnement de travail peuvent être de nature plus soudaine et plus violente. La capacité de travailler à domicile est une donnée précieuse mais pas suffisante.

Si l'on doit évacuer un immeuble en pleine journée à cause d'un attentat, combien de salariés seront en possession de leur PC portables pour aller travailler chez eux ? Dans quelles conditions psychologiques vont-ils agir si certains de leurs collègues sont morts, blessés ou gardés en otage ?

Le début de chaque confinement a été annoncé un peu à l'avance, les entreprises ont eu le temps de passer un message clair à leur personnel. De plus, toutes les entreprises étaient concernées, tous les concurrents étaient soumis à la même obligation. L'économie sur les cinq continents a connu un ralentissement soudain pendant quelques semaines. Les conditions de mise en œuvre des PCA pour faire face à la crise sanitaire étaient particulières. Ce n'est pas parce qu'une entreprise a réussi à continuer ses activités grâce au télétravail pendant la crise sanitaire qu'elle peut considérer que son PCA est opérationnel une fois pour toutes pour faire face à tous types d'interruption majeure. D'autres scénarios d'inaccessibilité aux locaux doivent être étudiés : attentat, incendie, occupation des locaux, etc.

Indisponibilité d'un fournisseur critique ou d'un prestataire de services essentiels

Dans l'industrie, depuis longtemps, on s'attache à gérer la défaillance des fournisseurs et à trouver des solutions pour assurer la continuité (stock de sécurité, fournisseurs de substitution, etc.). Dans le secteur des services, parce qu'on externalise de plus en plus de prestations, on s'intéresse également, depuis quelques années, à identifier les prestataires de services essentiels et l'on porte un regard sur leur PCA.

Avant de pouvoir aborder sereinement les problématiques de continuité avec ses fournisseurs ou prestataires de services essentiels, il est indispensable d'avoir déjà travaillé sur son PCA. L'entreprise pourra alors mieux cadrer sa demande et établir un cahier des charges minimum en cas d'interruption majeure survenant chez un de ses fournisseurs.

Demander à son fournisseur de fournir son PCA est une démarche insuffisante. Un chapitre spécifique de cet ouvrage est d'ailleurs consacré à l'analyse des PCA des fournisseurs et des prestataires de services essentiels, avec une démarche pragmatique pour traiter efficacement cette problématique (voir le chapitre 11).

Indisponibilité des moyens humains

Ce scénario fourre-tout englobe des problématiques différentes qu'il est nécessaire de classer pour y voir clair. L'indisponibilité des moyens humains regroupe des situations diverses qui seront traitées par des PCA différents, avec des modes opératoires adaptés. Hélas, les politiques de management de la continuité des activités existantes ne prennent pas nécessairement le temps d'expliquer les nuances.

■ L'incapacité de se rendre sur son lieu de travail

Ce scénario englobe les risques climatiques (neige, canicule, etc.) qui empêchent le personnel de se rendre sur son lieu de travail. Le personnel est donc disponible mais ne peut pas se déplacer. Les grèves de transports (RATP, SNCF) empêchent également le personnel d'aller travailler.

L'incapacité du personnel à se rendre sur son lieu de travail revient à traiter le scénario d'indisponibilité de l'environnement de travail. Les locaux sont disponibles mais inaccessibles et le personnel ne peut pas s'y rendre pour différentes raisons. La solution pour assurer la continuité des activités est donc le travail à domicile, la même que pour le scénario d'indisponibilité d'accès à l'environnement de travail habituel (voir page 21). Le personnel est disponible pour travailler à distance. La crise sanitaire, une pandémie certes, mais avec un taux d'absentéisme réduit, a également été largement traitée avec cette solution dans les entreprises du secteur tertiaire.

■ Les pandémies

La défaillance du personnel a été prise en compte lors des risques de pandémie grippale (H1N1) en 2008. Les entreprises et les organisations ont alors commencé à s'intéresser au traitement de ce scénario qui s'est avéré difficile à construire, faute de moyens et surtout face à l'incertitude de savoir quel type de personnel sera indisponible, quand et pendant combien de temps. Il s'agit ici de faire fonctionner l'entreprise avec un personnel minimum pour autant que les compétences nécessaires pour assurer la continuité des activités critiques soient présentes et opérationnelles.

Lors de la crise sanitaire liée au virus Ébola en Guinée-Conakry en 2012 et 2013, les entreprises ont fonctionné au ralenti avec le personnel disponible. Avec un risque de mortalité de 40 %, cette pandémie a obligé les entreprises à s'organiser chaque jour avec le personnel disponible.

Le PCA définit les moyens humains indispensables pour assurer la continuité des activités critiques. Pour faire face à une pandémie, l'entreprise doit chaque jour faire l'inventaire des ressources aptes à travailler et s'organise en conséquence jusqu'à la fin de la crise. Il s'agit ici de gérer une crise avec les forces en présence. Les PCA existants devront être adaptés par le groupe de crise au jour le jour.

La crise sanitaire de Covid-19 n'a pas été gérée ainsi. Dans la grande majorité des cas, il n'y a pas eu de pénurie de personnel dans les entreprises de services, sauf entre décembre 2021 et mi-février 2022.

Ces différences sont rarement expliquées dans les politiques de management de continuité d'activité des grands groupes, ce qui génère de la confusion et des PCA « pandémie » insuffisamment clairs et difficilement exploitables.

Indisponibilité des systèmes d'information nominaux et de secours : la cyberattaque

Lorsqu'une entreprise est touchée par une cyberattaque, le réseau informatique est souvent coupé et isolé. Les adresses mail ne fonctionnent plus. Le personnel ne peut donc plus travailler car le système d'information est indisponible et il se retrouve devant un écran noir et une page blanche ! Les PCA imaginés et conçus pour assurer la continuité des activités critiques en cas de cyberattaque nécessitent une grande maturité de la part des entreprises. Le périmètre des activités critiques est réduit et seules quelques fonctions sont maintenues avec une informatique locale conçue et opérationnelle avant l'attaque cyber.

Le chapitre 13 évoque les spécificités de ces PCA, encore très peu correctement développés car ils nécessitent un investissement conséquent et surtout la disponibilité des contributeurs internes pour les concevoir, les tester et les mettre à jour par temps calme.

Scénarios d'interruption relevant surtout de la gestion de crise

■ Les risques de grève

L'interruption des activités à cause d'une grève est un scénario difficile à traiter par un PCA. Ce risque devrait plutôt être géré par une veille sociale vigilante et une bonne gestion de la crise à chaud. En effet, les paramètres humains liés au risque de grève sont des contraintes qu'il est compliqué d'intégrer dans un PCA. Comment imaginer remplacer le personnel occupant un site industriel par des intérimaires ? Comment transférer les activités d'un site touché par une grève dans un autre site de l'entreprise ? Humainement, c'est difficile à concevoir et, dans la réalité, les salariés du site non touché par la grève vont-ils accepter de prendre en charge les activités de leurs collègues grévistes ?

Construire des PCA pour faire face à un risque de grève est un exercice très délicat que j'ai rarement vu aboutir. Le mieux est donc d'anticiper la grève par une veille sociale et, si la grève survient, de gérer la crise efficacement pour permettre une reprise du travail rapide. Tous les scénarios d'interruption ne peuvent pas être gérés par un PCA.

■ Les intempéries et autres risques extérieurs à l'entreprise

Si l'on veut être exhaustif, il faut ajouter à cette liste de scénarios d'interruption des événements graves qui n'ont pour origine ni l'entreprise elle-même, ni son personnel ou ses fournisseurs.

Les risques d'intempérie (tsunami, tempête, tremblement de terre, crue de la Seine, etc.), les risques de grève générale ou les risques de guerre civile ont un impact sur la continuité des activités. Pour traiter ces scénarios et y faire face, il est préférable qu'une organisation ait déjà réfléchi et mis en œuvre des PCA plus « classiques ».

Les problématiques de crise grave entraînant une rupture d'activité sont à étudier au cas par cas. Face à de tels événements, l'entreprise devra encore plus s'adapter aux contraintes extérieures et à l'incertitude. Elle devra composer avec des acteurs qu'elle connaît peu, voire pas du tout. Il faudra gérer une crise grave en essayant d'assurer la continuité des activités au fil de l'évolution de la situation avec les forces en présence. Les PCA développés pourront se révéler insuffisants ou inutilisables.

On peut ajouter que des centaines ou des milliers d'autres entreprises seront touchées au même moment par la même crise, ce qui réduira l'activité économique pendant quelques jours ou quelques semaines.

Le phénomène sera plus global, l'interruption des activités d'une entreprise sera donc moins visible.

Les entreprises qui sont qualifiées OIV (organisme d'importance vitale) ont l'obligation de réfléchir à des PCA couvrant des crises plus graves pour maintenir leurs activités. Hélas, même bien pensés et définis par temps calme, ces PCA devront être suffisamment souples pour s'adapter aux nombreuses inconnues qui surviendront. Un entraînement du management à la gestion de crise est indispensable pour se préparer à être réactif face à de telles crises. Les PCA déclenchés pendant le Printemps arabe ont dû, dans l'urgence, être adaptés pour faire face aux contraintes de ces crises politiques très spécifiques.

Quels que soient les scénarios d'interruption, le management devra s'entraîner à gérer la crise qui conduira à l'activation de tout ou partie des PCA préalablement développés.

Activation du PCA et gestion de crise sont indissociables.

Management de la continuité des activités et gestion de crise

Les organisations ou les entreprises peuvent avoir des dispositifs de gestion de crise sans avoir construit de PCA. Dans tous les cas, il s'agit de bien poser les frontières entre ces deux thématiques, qui sont d'ailleurs parfois traitées en interne par des acteurs différents.

DÉFINITION

Le dispositif de gestion de crise

Le dispositif de gestion de crise est une procédure chapeau qui concerne tous les thèmes pouvant générer un dérèglement important ou une perturbation violente de l'activité de l'entreprise et qui permet de gérer l'événement dans toutes ses composantes, et notamment :

- une crise humaine (santé et/ou sécurité des collaborateurs) ;
- une crise de réputation (révélation d'une information stratégique aux médias ou attaque sur les réseaux sociaux) ;
- une crise liée à une interruption des activités qui va entraîner le déclenchement du PCA.

Si nous sommes dans l'industrie agro-alimentaire, l'entreprise aura sans doute mis en place un dispositif de gestion de crise basé sur la sécurité alimentaire. Elle saura, nous l'espérons, gérer des crises relatives à des intoxications alimentaires ou à la traçabilité de ses produits. Son groupe de crise sera composé de tous les acteurs compétents pour résoudre ce type de crise.

Si cette même entreprise subit une interruption de sa chaîne de production et qu'elle est incapable de livrer ses clients dans les temps, elle devra gérer une crise particulière qui ne fait pas appel à ses compétences de gestion de crise habituelles. Cet événement impacte son chiffre d'affaires en même temps que son image et il faudra qu'elle le gère à chaud. Elle devra faire face à une crise liée à la rupture de ses activités, laquelle ne fait pas partie des scénarios de crise qu'elle est plus habituée à gérer. Si elle a conçu un PCA pour faire face à un scénario d'interruption brutal de sa production, elle pourra le déclencher. Le cas échéant, elle devra improviser pour assurer la continuité de ses activités avec les forces en présence.

Lorsqu'une entreprise développe un PCA, elle doit faire un lien avec le dispositif de gestion de crise déjà existant et l'adapter. Cela va avoir comme première conséquence de revoir et d'adapter la composition du groupe de crise.

Dans notre exemple d'industrie agroalimentaire, il est rare qu'un directeur informatique, un directeur des ressources humaines ou un responsable de la sécurité du site fasse partie des membres de la cellule de crise. Si l'on veut gérer une crise dont la finalité sera de déclencher le PCA, ces trois acteurs sont pourtant des acteurs majeurs, au même titre que le directeur de l'usine concernée par l'interruption ou la direction commerciale.

La gestion de crise liée au déclenchement d'un PCA nécessite une approche particulière qui se traduit par la participation de nouveaux acteurs à la cellule de crise, rarement ou non sollicités pour gérer une crise relative au cœur de métier.

La procédure de gestion de crise devra être également enrichie de fiches réflexes supplémentaires qui doivent permettre de déclencher rapidement le PCA et les dispositifs de secours prévus, ainsi que d'informer le personnel et de communiquer à l'extérieur.

EN RÉSUMÉ

Si une entreprise possède un dispositif de gestion de crise, une fois son PCA développé, elle devra adapter son organisation de crise pour permettre de déclencher efficacement les dispositifs de continuité d'activité prévus.

Dans la pratique, il faut adapter les procédures de gestion de crise existantes et entraîner le management à gérer la crise relative au déclenchement du PCA lors d'exercices spécifiques.

Exemple d'articulation entre gestion de crise et gestion de la continuité des activités

Exemple 1
Indisponibilité de l'environnement de travail d'un siège social

→ La gestion de crise implique ici d'aller jusqu'au déploiement du PCA qui permet d'assurer la continuité des activités critiques du siège social.

Exemple 2
Plainte de plusieurs clients, atteinte image sur les réseaux sociaux

→ La gestion de cette crise n'implique pas le déploiement d'un PCA.

Un environnement de plus en plus incertain

Printemps arabe, tsunami au Japon, inondations de Bangkok, attentats aux quatre coins du monde, cyberattaques, guerres civiles, éruption de l'Eyjafjöll, ouragans Sandy et Irma (pour ne citer que ces deux-là), pandémie de Covid-19 et guerre en Ukraine sont autant d'événements qui tournent en boucle sur les chaînes d'information et qui viennent interpeler les directions des entreprises et des organisations.

Des questions qui se posent dans tous les secteurs d'activité

Les dirigeants sont bien conscients que leurs assurances, même si elles couvrent des dégâts matériels ou immatériels et prennent en compte une perte d'exploitation, ne garantiront pas la continuité de leurs activités.

Même si elle n'est pas toujours clairement exprimée, la prise de conscience est teintée des pensées et des interrogations suivantes :

« Cela n'arrive pas qu'aux autres. »

« La faible probabilité d'occurrence ne peut plus être une raison pour ne rien faire. »

« Et si nos activités s'arrêtaient demain pour une période indéterminée, quels seraient les impacts ? »

« Peut-on assumer un arrêt brutal de nos activités ? »

À cette atmosphère de crises en tous genres, il faut ajouter la pression des clients et des partenaires des entreprises :

- La banque française qui délocalise ses *back-offices* en Asie ou en Inde fait automatiquement l'objet de demandes de garantie de continuité de service de la part de ses clients. Comment y répondre lorsque le savoir-faire n'existe plus en Europe ?
- L'entreprise agroalimentaire qui doit réduire sa production parce que sa matière première s'est raréfiée du fait d'une crise sanitaire doit choisir ce qu'elle va produire avec la matière disponible, et pour quels clients en priorité, car elle ne pourra pas servir tout le monde.

Gérer la continuité des activités est devenue une problématique induite du top management à laquelle les entreprises sont obligées de s'intéresser.

Le management de la continuité des activités apparaît également indispensable parce que les entreprises réduisent elles-mêmes de plus en plus leur marge de manœuvre par des décisions stratégiques qui fragilisent la continuité de leurs activités : flux de plus en plus tendus, regroupement d'activités sur un seul et unique site, réduction des stocks de sécurité, dépendance vis-à-vis de prestataires extérieurs, etc.

L'entreprise de bricolage qui décide de regrouper toutes ses activités sur une seule plateforme logistique pour développer rapidement ses activités de vente par internet aura de grandes difficultés pour assurer la continuité en cas d'indisponibilité soudaine de sa plateforme.

TENDANCES ET ACTUALITÉS

Le constat des dernières années montre qu'il faut rechercher des solutions de plus en plus complexes et coûteuses à mettre en œuvre pour couvrir des modes d'organisation qui ne peuvent pas supporter plus de quelques heures d'interruption sans conséquences graves sur la continuité des activités.

Cette évolution est également renforcée par les exigences des actionnaires (et particulièrement des fonds d'investissement) qui exigent de plus en plus, lors de leur entrée au capital, la mise en œuvre d'un plan de continuité des activités. Les investisseurs ont compris qu'une entreprise qui a des solutions de secours pour assurer la continuité de ses activités est plus résiliente et qu'elle aura ainsi plus de valeur à moyen terme.

Des contraintes réglementaires

Parallèlement à la réalité économique, les obligations réglementaires dans certains secteurs viennent contraindre les entreprises qui doivent se conformer aux exigences de la réglementation de leur secteur. Depuis 2006, la réglementation Bâle II puis Bâle III impose la mise en œuvre d'un PCA pour tous les établissements financiers et leurs filiales. Depuis 2016, cette obligation s'étend à présent à toutes les sociétés d'assurances (réglementation Solvabilité 2).

Le développement des PCA dans le monde de la banque et des assurances a également une influence sur l'évolution des PCA de leurs prestataires de services essentiels (PSE). Les entreprises ayant développé des PCA s'intéressent à présent à l'existence, et de plus en plus à la qualité, des PCA de leurs prestataires essentiels, obligés eux aussi de développer des PCA pour satisfaire leurs clients.

Depuis 2012, la norme ISO 22301 relative aux systèmes de management de la continuité d'activité a également permis de faire progresser la thématique dans les réflexions des *risk managers*.

La norme, si elle fixe un cadre et des grandes lignes, n'est cependant pas une méthode. Elle évoque de grands principes, aborde des thèmes centraux et propose un référentiel pour :

- définir une politique ;
- définir une organisation ;
- acquérir des compétences ;
- sensibiliser le personnel ;

- communiquer en interne et à l'extérieur ;
- définir une stratégie de continuité pour rétablir les activités prioritaires ;
- définir les ressources indispensables ;
- établir et mettre en œuvre des procédures de continuité d'activité ;
- effectuer des exercices et tests ;
- évaluer les performances.

LES POINTS DE VIGILANCE

La norme ne vous dit pas comment sensibiliser une direction au management de la continuité des activités, débuter un PCA, le construire, le développer, le tester et le maintenir en conditions opérationnelles. Elle n'explique pas non plus les dimensions organisationnelles et humaines du management de la continuité des activités. Elle ne fait pas la différence entre le management des risques et le management des crises. Les responsables PCA devront se former auprès d'experts pour acquérir les éléments de langage, la méthode et les outils pour développer leurs PCA.

L'éveil des dirigeants

Depuis vingt ans, le terme PCA s'est peu à peu vulgarisé, même s'il est encore parfois utilisé à plus ou moins bon escient. Réfléchir à des interruptions majeures qui viendraient perturber la continuité des activités est une préoccupation de plus en plus fréquente dans la vie des entreprises.

TENDANCES ET ACTUALITÉS

Il n'y aura pas de retour en arrière. La vitesse des échanges, les exigences et la volatilité des clients, les contraintes liées aux e-commerces, la rationalisation des coûts, les crises climatiques, sociales, sanitaires et politiques, la visibilité immédiate d'une crise sur les réseaux sociaux, l'externalisation de fonctions critiques et les délocalisations sont autant de facteurs qui poussent à croire que le management de la continuité des activités viendra peu à peu s'inscrire, comme d'autres éléments, dans les décisions stratégiques des entreprises et des organisations.

.../...

.../...

Cela relève du bon sens et pourtant, ces préoccupations sont souvent gérées en parallèle et confiées à des interlocuteurs qui n'ont pas les compétences suffisantes et qui sont encore trop peu soutenus par leur direction.

Analyser la criticité des activités, isoler les produits indispensables à produire et à livrer aux clients stratégiques, imaginer des solutions pour assurer la continuité, les implémenter, les tester, impliquer les contributeurs, fédérer le top management sont des actions complexes qui sont difficilement gérables en parallèle par un *risk manager* ou un responsable sécurité, hygiène et environnement.

Certains dirigeants, surtout dans l'industrie, commencent à s'impliquer plus en amont dans le développement de leurs PCA. Ils ont conscience que sans soutien fort de leur comité de direction, le management de la continuité des activités ne pourra pas être mené à bien en parallèle par un ou quelques acteurs internes. Ils commencent à prendre conscience qu'il faut investir dans une fonction de manager de la continuité des activités, au-delà des missions de gestion de risques et des crises déjà existantes. Il est nécessaire d'avoir un référent formé par un expert qui, peu à peu, aura les compétences nécessaires pour piloter le développement des PCA et les maintenir en conditions opérationnelles.

Il faut donner du temps et des moyens à un manager de la continuité des activités pour s'investir dans sa fonction, travailler sur un ou quelques sites pilotes pour définir, plus tard, une politique de management de la continuité et une méthode qui pourront être utilisés pour déployer plus largement les PCA de l'entreprise.

LES POINTS DE VIGILANCE

- **Les entreprises commencent à réfléchir quand elles se rendent compte que leur mode de fonctionnement habituel révèle des fragilités et qu'elles ne pourraient pas faire face à une interruption majeure et soudaine de leurs activités. Ces sujets complexes nécessitent de dédier des équipes compétentes et des moyens qu'il est difficile de dégager à moyen terme. Manager la continuité des activités doit entrer dans la culture d'une entreprise et exige une attention constante à long terme.**

.../...

.../...

- Construire et faire vivre un PCA n'est pas une mission coup de poing que l'on peut confier à un acteur interne détaché pour quelque temps ou à un cabinet de conseil extérieur. Une fois la première version du PCA rédigé, le danger est que cela ressemble à une belle recette de cuisine qui ne sera jamais mise en œuvre, faute d'ingrédients, d'outils et de compétences.

LES BONNES PRATIQUES

- Avoir conscience que réduire les risques dont la probabilité d'occurrence est forte ne suffit pas.
- Réfléchir à l'impact d'une rupture majeure sur la continuité des activités de son entreprise situe la problématique à sa juste place.
- Assurer la continuité des activités doit être la volonté des dirigeants.
- Il ne suffit pas de « rédiger un PCA », il faut le rendre vivant et le maintenir opérationnel.
- C'est par temps calme, en alliant expérience du passé et compétences en présence, que des PCA à la fois pragmatiques, créatifs et intégrant la notion d'incertitude doivent être pensés.
- Avant de traiter des scénarios complexes ou d'impliquer ses fournisseurs ou ses prestataires critiques, il faut commencer par traiter des scénarios simples et se doter d'un PCA opérationnel.
- Faire un lien avec le dispositif de gestion de crise déjà existant et l'adapter. Cela va avoir comme première conséquence de revoir et d'adapter la composition du groupe de crise mais aussi d'optimiser le dispositif existant.
- Inclure la continuité des activités dans le top management.
- Investir dans une fonction de manager de la continuité des activités, au-delà des missions de gestion de risques et des crises déjà existantes.
- Le former auprès d'experts pour acquérir les éléments de langage et la méthode pour développer des PCA.
- Lui donner suffisamment de temps et des moyens pour s'investir dans sa fonction.
- Travailler sur un ou quelques sites pilotes avant de déployer des PCA pour tous les sites ou toutes les filiales : en fonction de la criticité des activités, certains de ces sites ou filiales ne requièrent peut-être pas la nécessité d'être couverts par un PCA.

CHAPITRE 2

Les conditions de réussite d'un PCA

« Un bon départ ne s'improvise pas. »

Avant de débuter un PCA, il faut préparer le terrain et éviter certains écueils. Les éléments présentés ci-dessous permettront d'y parvenir.

Les différents thèmes exposés ont pour objectif de préparer les entreprises qui souhaitent se lancer dans la mise en œuvre d'un PCA. Il s'agit de prendre en compte des éléments et des problématiques qu'il vaut mieux identifier et poser en amont car, expérience à l'appui, ces derniers pourront resurgir à des moments moins opportuns et fragiliser le développement du PCA.

Les spécificités du «projet» PCA

Les organisations et les entreprises évoluent et traitent leurs problématiques en mode projet. Or, le PCA n'est pas un projet comme les autres parce qu'il est infini. Il doit peu à peu s'intégrer dans la culture de l'entreprise, sinon tout le travail réalisé en mode projet s'évanouira rapidement.

EN RÉSUMÉ

Si le PCA est un projet, alors c'est un projet à vie

Difficile de vendre un projet à vie à une direction et pourtant, c'est la réalité. Si la construction d'un PCA nécessite des compétences et un fort investissement initial, sa mise à jour et son maintien en conditions opérationnelles nécessiteront les mêmes compétences et un investissement récurrent qu'il vaut mieux prévoir dès l'origine du projet.

Le benchmark réalisé à partir de dizaines de projets a permis d'établir certains ratios et statistiques exposés ci-après. Ces éléments permettront aux responsables de mieux appréhender leur projet PCA et d'informer leurs directions en conséquence.

Les missions du responsable PCA

Si le responsable du projet PCA est un consultant extérieur ou un collaborateur mandaté pour une période limitée, le PCA deviendra très vite obsolète et non opérationnel. Les contributeurs du projet PCA, ceux qui ont été sollicités par le responsable de projet PCA pour le construire, n'ont en effet ni le temps, ni les compétences, ni la vision globale et transverse pour faire évoluer seuls leurs PCA et les maintenir opérationnels.

S'il faut cent jours à un responsable PCA pour développer la première version d'un PCA, il faudra chaque année qu'il consacre 30 à 40 % de sa charge de travail initiale, c'est-à-dire trente à quarante jours, pour maintenir le PCA en conditions opérationnelles.

Il faut prendre le temps d'investir dans une fonction de manager de la continuité des activités qui, peu à peu, à mesure qu'il s'investit dans la définition et la construction d'un ou de plusieurs PCA, pourra acquérir les compétences nécessaires pour poser les bases du management de la continuité des activités dans son entreprise.

À partir des pilotes aboutis, il pourra sensibiliser et convaincre sa direction pour définir une politique de management de la continuité des activités, associée à une organisation et à une méthode pour déployer les PCA des différents sites de l'entreprise.

Il pilotera l'ensemble des PCA pour s'assurer de leur cohérence et de leur homogénéité, apportera un soutien méthodologique aux différentes entités de son entreprise, formera les différents contributeurs et s'assurera du bon développement des PCA.

Plus tard, il veillera à leur mise à jour, organisera des exercices de grande ampleur et aidera à l'optimisation de la stratégie de continuité des activités, des modes opératoires et des solutions de secours.

Le responsable du management de la continuité des activités va beaucoup apprendre sur le terrain et progresser peu à peu, en même temps qu'il fera évoluer les PCA en les rendant chaque année plus efficaces et plus opérationnels.

Comment convaincre la direction de son entreprise ?

Les comités de direction sont très sollicités et ils doivent régulièrement décider de lancer tel ou tel projet. Il leur faut faire des arbitrages. À moins que l'entreprise ne vienne de subir une interruption majeure ou que l'un de ses fournisseurs, partenaires ou concurrents vienne de vivre une crise significative, il va falloir éveiller la conscience des membres du Codir/Comex quant à la nécessité de réfléchir au développement d'un PCA.

Avant d'aller rencontrer vos directions, inspirez-vous des lignes suivantes et préparez-vous en conséquence.

Le management de la continuité des activités est, dans la majorité des cas, une problématique que les directions appréhendent mal. Il y a de grandes chances pour que les membres du comité de direction ne soient pas conscients des frontières entre le management des risques, des crises et de la continuité d'activité. Sans compter que, souvent, leur angle de compréhension peut être réduit à la continuité des systèmes d'information et à la gestion des crises.

Il va donc falloir entrer en matière doucement mais sûrement.

Il faudra d'abord poser les bases et leur faire comprendre les frontières et aussi les liens entre le management des risques et le management des crises, tels qu'ils existent dans votre entreprise ou a minima tels qu'ils ont été exposés dans l'introduction de cet ouvrage.

Pour introduire efficacement la nécessité de poser un regard sur le management de la continuité des activités, mieux vaut ne pas parler de risques, ni de catastrophes, surtout pas de sinistrose ! La prise de risque est une activité induite dans la prise de décision d'un comité de direction et leur parler de risques d'attentat ou de crue centennale ne sera pas assez percutant pour éveiller leur conscience.

Le benchmark dans votre secteur d'activité ou dans un secteur d'activité proche peut être un point de départ intéressant. Mais n'oubliez pas que la croyance est souvent de penser que cela n'arrive qu'aux autres. Aussi poussé et pertinent que sera votre exposé des interruptions d'activité survenues dans un environnement proche, cela ne sera pas suffisant pour capter l'attention de votre direction.

RETOUR D'EXPÉRIENCE

La bonne méthode pour convaincre

- Préparez plutôt le terrain en ayant étudié préalablement, pour un groupe d'activités ou un site, les impacts et les conséquences que pourraient avoir une interruption majeure des activités. Sont-elles acceptables ?
- N'utilisez pas trop de chiffres ni de projections financières, au risque de les voir débattre sans fin sur la minimisation ou la maximisation de l'impact financier que vous aurez exposé. Parlez plutôt de retard de livraison, .../...

…/…

de non-respect des engagements contractuels avec les clients internes ou externes, de perte de chiffre d'affaires, d'atteinte à l'image, des impacts de la survenance d'une interruption majeure dans une forte période d'activité. Expliquez de manière factuelle les impacts qu'aurait une interruption des activités sur l'entreprise.

- Posez le débat.
- Puis demandez-leur s'ils sont prêts à gérer à chaud les impacts d'une telle interruption et s'ils pensent réussir à poursuivre les activités sans réflexion préalable ? Ne serait-il pas préférable de réfléchir par temps calme à la définition des activités critiques à couvrir par un PCA, aux produits critiques et aux clients stratégiques à livrer en priorité ?
- Ne faut-il pas construire des solutions et des modes opératoires de secours dès à présent pour, peut-être, limiter les impacts d'une interruption majeure ?

Vous pouvez, si cela est pertinent, utiliser les retours d'expérience de la crise sanitaire. Votre entreprise était-elle prête pour faire face au confinement ? Combien de temps vous a-t-il fallu avant que toutes les activités critiques soient opérationnelles ?

La prise de conscience viendra souvent du constat qu'il faut réfléchir en amont pour définir les activités critiques et développer des solutions de secours. Tout ce qui n'est pas anticipé et pensé par temps calme revient à gérer une crise à chaud avec les forces en présence et plus ou moins d'efficacité, avec de grandes inconnues.

Quand les consciences s'ouvrent, il faut déjà être prêt à faire des propositions pour étudier un groupe d'activités ou un site pilote. À moins que la direction ne vous indique d'emblée un périmètre d'activités, un ou plusieurs sites à couvrir par des PCA, ne soyez pas trop ambitieux sur le périmètre de votre premier PCA.

Si vous êtes parvenu jusque-là, vous avez déjà réalisé un beau parcours et vous reviendrez leur présenter un peu plus tard la démarche du projet, les moyens nécessaires et le planning du ou des PCA du périmètre défini lors de cette première réunion. Nous aborderons un peu plus loin dans cet ouvrage (voir le chapitre 3) comment définir le projet PCA : charge de travail, contributeurs à impliquer, planning indicatif selon les étapes de développement du PCA.

Les plus initiés constateront que l'exposé décrit ci-dessus servant à convaincre la direction ne parle pas de risques, ni de scénarios de crise.

LES BONNES PRATIQUES

- Considérer le PCA comme un « projet à vie ».
- Éviter de se focaliser sur les scénarios d'interruption (la réalité d'une interruption diverge souvent des scénarios étudiés ou captés dans une cartographie des risques).
- Ne pas parler de risques.
- Évoquer plutôt les impacts d'une interruption majeure et soudaine des activités.
- Proposer de débuter la réflexion par la réalisation d'un PCA pour un site ou une direction pilote.

CHAPITRE 3

Débuter un projet PCA

> Qualifier le PCA, c'est d'abord définir les scénarios d'interruption majeurs que l'on souhaite couvrir et choisir les premiers sites ou filiales qui doivent être couverts par un PCA.

Cadrer le projet PCA

Lorsqu'une entreprise décide de mettre en place un PCA, il est essentiel d'en définir précisément les contours et le périmètre. Si l'entreprise possède plusieurs sites, et notamment si nous sommes dans l'industrie, il faudra définir les sites devant faire l'objet d'un PCA.

Comme indiqué dans le chapitre précédent, il est préférable de commencer par réaliser le PCA d'un site pilote.

Commencer par réaliser un PCA pour un site pilote

Certaines entreprises développent un PCA pour chaque scénario d'interruption identifié ou bien pour chaque processus critique. Ces manières d'appréhender les PCA ne sont pas idéales, car elles complexifient la démarche et ne permettent pas aisément d'avoir une approche globale et claire. Les PCA par processus ne sont pas faciles à déclencher, à moins que les processus n'aient été préalablement rattachés clairement à un site.

Lorsque l'on développe un PCA pour chaque scénario d'interruption, on va obligatoirement retrouver des éléments communs dans chaque PCA, il y aura des redondances et le volume de la documentation PCA sera conséquent. Si une interruption survient, elle ne sera sans doute pas exactement telle que définie dans le scénario et nécessitera une adaptation.

Pour simplifier la démarche, mais aussi pour répondre à la réalité et souvent à la complexité des scénarios d'interruption lorsqu'ils surviendront, il s'agit de développer un PCA par site. Ce qui risque d'arriver, c'est qu'un ou plusieurs sites soient touchés et rendus indisponibles pour une durée indéterminée, peu importe le scénario d'interruption.

La méthode recommandée est de concevoir un PCA par site.

L'objectif est de couvrir d'abord l'indisponibilité d'accès quel que soit le scénario d'interruption. Certes, les PCA doivent également couvrir une indisponibilité des ressources humaines, mais la prise en compte de ce scénario, plus encore que d'autres, nécessite prudence et modestie.

Qualifier le PCA, c'est premièrement choisir les sites qui feront l'objet d'un PCA. Le premier site défini fera l'objet d'un PCA pilote. La réalisation du PCA pilote permettra d'ajuster la démarche et de tirer les enseignements nécessaires pour déployer ensuite plus facilement d'autres PCA avec l'expérience du PCA pilote, modèle référent.

Lors de la qualification des PCA, il faudra également émettre des hypothèses de travail que la direction devra valider avant de lancer le projet : si, par exemple, dans un site industriel, deux bâtiments sont séparés de 50 m, doit-on construire deux PCA, un pour chaque bâtiment, ou d'emblée décider de développer un PCA global pour tout le site ? Dans notre exemple, si le risque le plus probable d'interruption est l'occupation du site par des groupes de pression, il faudra peut-être mieux construire un PCA global : si l'entrée du site est bloquée, les deux bâtiments seront tous les deux inaccessibles.

Avant de se lancer dans le développement des PCA, il faut prendre le temps de poser le cadre et de valider les hypothèses de travail.

Lorsque le cadre du PCA pilote et les hypothèses de travail sont validés, il s'agit de présenter le projet par phases, en définissant les moyens nécessaires pour chaque étape, les contributeurs associés et le planning indicatif par phase.

Les phases de développement d'un PCA

Phase 1

Définition de la stratégie de continuité des activités
- Analyse des impacts des interruptions des activités *(business impact analysis)*
- Identification et description des impacts
- Définition des délais maximums d'interruption par activité
- Définition des activités critiques, produits, services clients, à couvrir par un PCA
- Définition des besoins humains et matériels nécessaires pour assurer la continuité des activités

Phase 2

Recherche, analyse et chiffrage des solutions pour assurer la continuité des activités
Arbitrage et choix des solutions

Phase 3

Implémentation des PCA
- Tests techniques

Formalisation des PCA
- Modes opératoires de secours
- Outils pour aider le groupe de crise à déclencher le PCA

Communication, sensibilisation et formation du personnel
Premier exercice du PCA impliquant les activités critiques

Phase 4

RÉCURRENTE

Maintenance et exercices annuels du PCA, optimisation

Choisir les bons contributeurs, en nombre suffisant

Pour lancer la phase 1, la première action est d'identifier les contributeurs à interroger qui vont permettre de définir la stratégie de continuité des activités. La méthode la plus simple est de partir des organigrammes de l'entreprise.

La définition de la stratégie de continuité nécessite un mélange entre les approches *top-down* et *bottom-up*, ce qui veut dire qu'il faut recueillir des informations auprès des managers mais également auprès des opérationnels. La granularité des entretiens doit être suffisante.

L'analyse des PCA qui ont été des succès m'a permis d'établir des ratios quant au nombre d'entretiens minimum à réaliser pour définir la stratégie de continuité des activités.

RETOUR D'EXPÉRIENCE

Identifier les bons contributeurs

- Dans l'industrie, lorsqu'il y a encore une grande proportion d'ouvriers et que les process sont peu automatisés, il s'agit de rencontrer entre 5 et 6 % du personnel du site ou ayant un lien avec les activités du site (ex : direction commerciale, marketing, juridique, etc.).
- Dans les industries dont les process sont plus automatisés ou dans le secteur des services, il faudra rencontrer entre 7 et 9 % du personnel, ce ratio pouvant monter à 10 % si les savoir-faire techniques ou spécifiques sont importants et détenus par des personnes très différentes.
  Dans les entreprises de services, le bon ratio se situe entre 6 et 8 % du personnel interrogé.

En deçà de ces ratios, la définition de la stratégie de continuité ne sera pas suffisamment nourrie de l'expérience des opérationnels qui sont les seuls à connaître les goulots d'étranglement, la sensibilité de certains clients ou partenaires, le temps nécessaire pour rattraper le retard et les systèmes D déjà mis en place pour répondre à de petites interruptions ou à des crises déjà survenues.

Une stratégie de continuité des activités ne se conçoit pas qu'avec des managers. Il est nécessaire de plonger dans le quotidien des opérationnels, c'est un prérequis incontournable et aussi un vecteur de succès.

Une fois les contributeurs identifiés, il convient de définir le type d'entretien à mener. Un entretien individuel est toujours préférable car l'interlocuteur est plus libre de s'exprimer et vous ne faites pas perdre de temps à d'éventuels autres interlocuteurs.

Néanmoins, selon la culture de l'entreprise, des entretiens par service (sous la forme d'ateliers de travail) peuvent être envisagés si tous les interlocuteurs se sentent libres d'échanger leurs points de vue.

Prenez le temps de lancer le projet en réunissant les contributeurs et en leur expliquant les objectifs des entretiens. Le déroulé et le contenu des entretiens seront développés dans le chapitre 5 de cet ouvrage.

Mesurer sa charge de travail

Dans la majorité des entreprises, rares sont les responsables PCA qui ont mesuré exhaustivement leur charge de travail et celle des contributeurs associés au développement du PCA. C'est pourtant une information essentielle à transmettre à leur direction. Comment faire comprendre la portée et la complexité de ce projet si on minimise le temps passé ou si on ne prend pas en compte la charge de travail des acteurs internes ?

Le budget global du PCA, traité dans les pages suivantes, doit prendre en compte le nombre de jours/homme requis pour le développement de la première version du PCA, ainsi que la charge annuelle nécessaire à son maintien en conditions opérationnelles et à son optimisation.

Charge de travail pour la phase 1

Le temps consacré à la phase 1 est facilement identifiable : quelques jours de préparation, puis la réalisation des entretiens et la rédaction des comptes rendus, la construction de la synthèse de la stratégie de continuité des activités et la présentation à la direction pour validation et arbitrages.

Combien de temps peut-on consacrer à la phase de définition de la stratégie de continuité des activités ?

Cette phase peut être planifiée aisément si les entretiens sont regroupés. Comptez trois à quatre mois environ pour un maximum de cinquante entretiens, comptes rendus et synthèses.

Charge de travail pour la phase 2

Le temps consacré pour réaliser la phase 2 est plus difficilement identifiable car il dépend de la stratégie de continuité des activités et des solutions de secours que la direction souhaitera voir étudiées et chiffrées.

Par expérience, la phase 2 représente environ 50 % du temps consacré à la phase 1, ce temps pouvant être réduit à 20 % dans une entreprise de services qui va choisir de se reposer sur le travail à domicile. Il peut également représenter 70 % de la phase 1 dans le secteur industriel où les solutions de secours des unités de production sont plus complexes à analyser et à chiffrer. La planification de la phase 2 est plus difficile à évaluer car elle dépend de la disponibilité des acteurs internes qui devront étudier la faisabilité et chiffrer les solutions de secours avant que le responsable PCA puisse en faire la synthèse.

Combien de temps peut-on consacrer à la phase d'analyse et de chiffrage des solutions de secours ?

La phase 2 peut durer de quelques semaines à plusieurs mois. À noter qu'environ 20 % des projets PCA, surtout dans l'industrie, s'arrêtent à la fin de la phase 1, faute de disponibilité des contributeurs internes pour travailler sur l'analyse et le chiffrage des solutions et aussi par manque de motivation de la direction.

Charge de travail pour la phase 3

La conception et la rédaction des modes opératoires de secours nécessitent de rencontrer à nouveau près de 80 % des contributeurs de la phase 1 (seules les activités arbitrées et validées comme critiques, couvertes par le PCA sont concernées par la rédaction des modes opératoires de secours).

Il faut compter en moyenne la même charge de travail que pour la phase 1 car cette phase intègre la rédaction des modes opératoires pour les métiers et les fonctions mais également des modes opératoires plus globaux (organisationnel et logistique) ainsi que l'adaptation des procédures de gestion de crise existantes (aide au déclenchement du PCA par le groupe de crise).

Combien de temps peut-on consacrer à la phase de formalisation et de mise en place du PCA ?

La planification de la phase 3 dépend de la durée de la phase 2. C'est pourquoi le planning proposé en début de projet ne peut être qu'indicatif : dans 90 % des cas, il sera décalé de quelques semaines ou de plusieurs mois. Mieux vaut en être conscient en début de projet et ne pas s'engager sur une date de fin qui dépend de la disponibilité des acteurs internes, des priorités données à d'autres projets ou à d'autres tâches quotidiennes et du temps nécessaire au comité de direction pour valider la fin de chaque phase (de quelques semaines à plusieurs mois selon les entreprises).

Il faudra ensuite prendre le temps de sensibiliser le personnel impliqué dans le PCA (nommé dans les modes opératoires) sur le rôle qu'il aura à jouer en cas de déclenchement et lui présenter les solutions de secours qui ont été développées : travail sur un site de repli interne ou externe à l'entreprise, transfert de l'activité vers un autre site, travail à domicile, etc.

Le premier exercice PCA nécessite un temps de préparation significatif. Quels que soient ses objectifs et la nature des activités d'une entreprise, une vingtaine de jours seront au minimum nécessaires pour le préparer, l'animer, en tirer les enseignements et optimiser le PCA en conséquence.

Charge de travail pour la phase 4, à prévoir chaque année

Chaque année, il faudra prévoir une charge de travail pour maintenir le PCA en conditions opérationnelles : exercice(s) et mise(s) à jour.

La charge de travail annuelle récurrente pour le responsable PCA représente entre 20 et 40 % de la charge de travail consacrée pour réaliser les trois premières phases de développement de la première version du PCA :

- 20 % pour les activités de services qui évoluent peu (pas de déménagement, pas de réorganisation, pas ou peu de turnover, cœur de métier pas ou peu évolutif, peu d'évolution des systèmes d'information) ;
- 40 % pour toutes les entreprises en constante évolution (croissance du CA, croissance interne, externe, nouveaux produits ou services, changement annuel de la gamme de produits, turnover, réorganisation interne régulière, déménagement, évolution des outils techniques et des systèmes d'information).

Combien de temps peut-on consacrer chaque année pour maintenir son PCA opérationnel et l'optimiser ?

La charge de travail récurrente est significative et il est indispensable de la prévoir dès le début du projet. Le PCA est un projet à vie qui doit s'inscrire peu à peu dans la culture de l'entreprise. La stratégie de continuité des activités, les solutions de secours, ainsi que les modes opératoires doivent refléter en permanence les évolutions. Dans le cas contraire, le PCA ne sera pas opérationnel.

Définir un budget spécifique PCA

Dans la plupart des entreprises, le budget PCA est réduit au coût de déploiement de la solution de secours et aux dépenses de la direction informatique. Ce n'est pas représentatif. Le budget PCA est à qualifier en deux étapes : le budget initial nécessaire au développement du PCA et le budget récurrent annuel.

Le budget initial

Les différentes composantes du budget initial sont :

- la charge de travail du responsable de projet PCA ;
- la charge de travail des contributeurs ;
- le budget d'assistance extérieure si l'entreprise fait appel à des consultants ;
- le coût du développement de la solution de secours, soit :
  - la charge de travail des équipes techniques et informatiques,
  - le coût d'investissement des outils et matériels nécessaires au développement et au déploiement des solutions de secours (réseaux, PC portables, téléphones mobiles professionnels),
  - le coût des abonnements (réseau, communication) nécessaires au développement et au déploiement des solutions de secours,
  - le coût de mise en œuvre des sites de repli internes ou externes ;
- le coût des actions de sensibilisation et de communication interne ;
- le coût du premier exercice, soit la charge de travail du responsable PCA, des équipes techniques et informatiques et des contributeurs (participants de l'exercice, managers impliqués, DRH, services généraux).

Le budget devrait faire l'objet d'une validation au fil de l'eau par la direction et servir de base pour évaluer chaque année le budget récurrent pour maintenir le PCA opérationnel et le faire évoluer.

Le budget récurrent

Les différentes composantes du budget récurrent sont :

- la charge de travail du responsable de projet PCA ;
- la charge de travail des contributeurs sollicités pour les mises à jour ;
- le budget d'assistance extérieure si l'entreprise fait appel à des consultants pour l'aider à mettre à jour son PCA ou pour réaliser son exercice annuel ;
- le coût récurrent de la solution de secours, soit :
  - la charge de travail des équipes techniques et informatiques,
  - le coût annuel des abonnements (réseau, communication),
  - la maintenance des solutions de secours interne,
  - la redevance annuelle du site de repli externe,
  - le coût des nouveaux matériels (nouveaux PC, ajouts de nouveaux outils devenus critiques, etc.) ;
- le coût des actions de sensibilisation et de communication interne pour le personnel nouvellement impliqué dans le PCA ;
- le coût de l'exercice annuel, soit la charge de travail du responsable PCA, des équipes techniques et informatiques et des contributeurs (participants de l'exercice, managers impliqués, DRH, services généraux).

Le budget global des PCA devrait exister dans chaque entreprise et pourtant, il est encore rare de trouver un budget qui inclut tous les postes définis en amont. Quand on demande aux responsables PCA quel est le budget annuel alloué au PCA, ils n'ont qu'une idée souvent générale et approximative de l'ensemble des coûts. Peu importe qu'une partie des coûts soit prise en charge par la direction informatique et les autres, répartis entre les métiers critiques, il est nécessaire d'avoir un tableau exhaustif du budget total.

Le budget global est un outil essentiel pour faire valider l'existence d'un projet à long terme au sein de l'entreprise. Si le comité de direction d'une entreprise ne s'investit pas toujours comme les responsables PCA l'espèreraient dans le développement des PCA, c'est aussi parce qu'il y a peu d'informations concrètes qui lui sont remontées pour mieux comprendre. Le budget global est un outil de reconnaissance du PCA et également un outil de communication auprès du comité de direction.

EXEMPLE

Petite histoire issue d'un cas réel

- Après avoir constaté que son PCA n'était pas finalisé et encore moins opérationnel, une direction a fait comptabiliser la charge de travail annuel de ses 60 correspondants PCA non formés.
- Cela représentait le salaire d'un responsable PCA qui pouvait s'investir à 100 % dans la construction des PCA et devenir le référent en matière de management de la continuité des activités dans l'entreprise. Un recrutement a été décidé. L'entreprise possède aujourd'hui un PCA opérationnel et un référent interne garant de l'optimisation constante des PCA.

LES BONNES PRATIQUES

Avant de démarrer un PCA, essayer d'intégrer les éléments suivants :

- ✔ un PCA par site ;
- ✔ le PCA par site peut répondre à plusieurs scénarios d'interruption ;
- ✔ le PCA est conçu pour assurer la continuité des activités critiques hébergées sur le site (il peut s'agir de plusieurs directions) ;
- ✔ éviter de construire des PCA par processus (trop flou). Se baser sur les activités ;
- ✔ commencer par la réalisation d'un PCA sur un site pilote ;
- ✔ identifier les contributeurs à rencontrer à partir de l'organigramme ;
- ✔ rencontrer suffisamment de contributeurs « terrain » impliqués dans les opérations ;
- ✔ évaluer la suffisance des entretiens grâce aux ratios proposés ;
- ✔ rencontrer plutôt les contributeurs individuellement ;
- ✔ ne réaliser des ateliers de travail par direction que lorsque vous pensez que cela aura une valeur ajoutée ;
- ✔ estimer la charge de travail du responsable PCA pour développer les trois phases du PCA (développer la première version du PCA) ;
- ✔ estimer la charge de travail récurrente annuelle pour maintenir le PCA en conditions opérationnelles (exercice et mise à jour) ;
- ✔ estimer également la charge de travail qui sera demandée aux contributeurs pour construire la stratégie de continuité des activités et les modes opératoires (relecture + validation). Benchmark : La première version du PCA leur demandera environ une journée d'investissement. Chaque année, ils devront consacrer entre 0,5 et 1 jour pour contribuer aux exercices, à la mise à jour et à l'optimisation.

CHAPITRE 4

La dimension humaine du PCA

> Si cet exercice est une évidence pour le RPCA, il doit être compris par le personnel pour éviter les mauvaises interprétations.

Comprendre la dimension humaine du PCA

Avant d'initier un PCA, au-delà de tout ce qui a déjà été exprimé, il faut comprendre la dimension humaine du projet et la transposer dans chaque étape de développement.

Si le PCA a des dimensions à la fois techniques et stratégiques, il a également une forte dimension humaine qu'il vaut mieux ne pas rater. La plupart des PCA non opérationnels ou dont l'efficacité serait limitée, voire remise en cause, lors d'une crise réelle n'ont pas intégré la dimension humaine du projet.

Au début du projet, il s'agit de définir les activités critiques qui doivent être intégrées dans le PCA. À la fin de cette étape, on va donc exclure du périmètre les activités dont la continuité n'est pas critique à court terme pour l'entreprise. Si cet exercice est une évidence pour le RPCA, il doit être compris par le personnel pour éviter les mauvaises interprétations.

EXEMPLE

L'interprétation du terme " activités stratégiques "

Pour preuve, cette expérience dans une entreprise d'énergie : un matin, sur le bureau du responsable de projet se trouvait un tract d'un syndicat qui interprétait la phase 1 du projet, à savoir la définition des activités critiques, de la manière suivante : « Quel est ce cabinet qui définit nos activités stratégiques, pour combien d'emplois encore supprimés ? ».

Définir des activités critiques, c'est « sélectionner » une partie seulement des activités qui vont être couvertes par le PCA, celui-ci ne pouvant pas, pour des raisons économiques évidentes, être un clone de l'entreprise.

Il y a des activités que l'on peut arrêter plusieurs jours ou quelques semaines sans que cela ait de conséquences sur les engagements pris auprès des clients ou sur l'image de l'entreprise. Par temps calme, ces activités sont indispensables (exemple : l'audit, la formation, le recrutement, des fonctions plus administratives sans rapport direct avec l'extérieur). En temps de crise, elles peuvent s'arrêter plus longtemps et c'est pour cela qu'elles ne font pas partie du périmètre du PCA. Il faut pouvoir, dès le début du projet, expliquer les objectifs du PCA à tout le personnel, et spécifiquement aux instances représentatives, pour éviter les mauvaises interprétations. Si cet exposé n'est pas fait dans les premiers temps du projet, on ouvre la porte à des incompréhensions.

Rassurer les salariés et anticiper les sources d'inquiétude

Dans la phase 2, lorsque l'on va rechercher des solutions de secours, la dimension humaine est encore plus présente. Lorsque la solution de secours est de transférer les activités sur un autre site pendant une période déterminée, il faut éviter les interprétations qui peuvent laisser croire que cette solution pourrait être permanente. Il n'est pas rare de rencontrer, quel que soit le secteur d'activité, des salariés inquiets de la portée des solutions de secours.

Nous vivons des périodes d'incertitude où, dans l'industrie ou les *back-offices* des entreprises de services, les salariés craignent que leur cœur de métier soit externalisé ou délocalisé. Il faut encore une fois expliquer qu'anticiper la continuité des activités critiques et chercher des solutions de secours ne va pas changer l'organisation au quotidien des entreprises. Une attention plus grande devrait être portée sur ces questions pour permettre une meilleure compréhension des objectifs des PCA.

Les inquiétudes des salariés sont aussi constatées lorsque, faisant pourtant partie des activités critiques, ils ne font pas partie du personnel impliqué dans le PCA alors que des personnes apparemment moins anciennes dans l'entreprise ou d'un niveau de qualification inférieur sont intégrées dans les modes opératoires PCA.

LES POINTS DE VIGILANCE

- Les managers choisissent le personnel impliqué dans le dispositif PCA selon, certes, des critères objectifs de compétences et de qualification mais également selon des critères plus subjectifs telles que la capacité d'adaptation, la capacité à être autonome ou la situation familiale.

  Ce sont des critères de choix qu'on ne crie pas sur les toits mais qui sont bien réels. Cette réalité est délicate à gérer et il faut l'expliquer avec beaucoup de prudence et de diplomatie. Il faut éviter certaines situations délicates où le personnel pourtant qualifié se sent rejeté et peu considéré quand il s'aperçoit qu'il n'est pas inclus dans le dispositif PCA. Cela peut même, dans certains cas rares observés, avoir des conséquences sur leur motivation au quotidien.

.../...

…/…

- Lorsque l'on choisit les solutions de secours, la dimension humaine doit être très présente. Beaucoup de solutions de secours sont aujourd'hui techniquement possibles mais on ne porte pas toujours un regard suffisamment éclairé sur la faisabilité humaine de la mise en œuvre de ces solutions.

Prenons l'exemple suivant : on demande à des salariés habitués à travailler dans le même immeuble parisien, certains depuis plus de dix ans, de se replier en grande banlieue, cela va avoir pour conséquence d'augmenter leur temps de transport.

Dans la plupart des cas, si le PCA a été bien travaillé, la journée de travail devra être réduite et le temps de transport supplémentaire intégré en partie dans la rémunération de la journée de travail. Si cet élément n'a pas été pris en compte en début de projet, lorsque l'entreprise réalisera son premier exercice PCA, les salariés, ayant expérimenté le temps de transport, vont aborder cette problématique et se demander pourquoi elle n'a pas été étudiée en amont.

Ces questions sont légitimes et il faut les anticiper, les exposer avec des éléments de langage soigneusement choisis.

Les enseignements de la crise sanitaire de Covid-19

L'expérience de la crise sanitaire de Covid-19 et la généralisation du télétravail ont également démontré qu'il ne suffisait pas de mettre en œuvre les moyens techniques permettant le travail à domicile pour réaliser les tâches dans de bonnes conditions. L'expérience du télétravail est différente pour chaque personne. Certains aiment travailler chez eux, d'autres ne s'y sont jamais faits et sont ravis de retourner travailler au bureau.

C'est pourquoi, à la lumière des enseignements tirés de presque deux ans de travail à domicile, les entreprises devraient en profiter pour optimiser leurs solutions de secours. Elles pourraient par exemple, en cas d'inaccessibilité à leur environnement de travail, conserver leurs sites de repli pour leur personnel critique dont le travail à domicile est difficilement envisageable. Hélas, la tendance dans le secteur tertiaire est plutôt de constater que le télétravail pour tous en cas d'inaccessibilité de l'environnement est la seule solution à retenir, quelles que soient les difficultés pourtant mises en lumière par certains salariés pendant la crise sanitaire.

La direction des ressources humaines: un interlocuteur privilégié

La direction des ressources humaines, et plus particulièrement le responsable des relations sociales, est un interlocuteur à intégrer dès le début du projet pour qu'il possède les éléments de réponses factuels face aux éventuelles questions qui lui seront posées. La direction des ressources humaines n'est pas seulement une direction indispensable « à chaud » pour payer les salaires à bonne date en cas d'activation du PCA.

LES POINTS DE VIGILANCE

- **Les questions relatives aux aspects humains sont encore souvent trop mal appréhendées par les entreprises et les responsables PCA en général. Les directions des ressources humaines sont trop éloignées du cœur du projet et ne jouent pas leur rôle, qui pourrait permettre une meilleure compréhension du PCA par le personnel mais aussi garantir que les solutions et les modes opératoires de secours pourront être déployés.**

Encore rares sont les entreprises qui investissent suffisamment dans la communication interne du PCA pendant sa réalisation et jusqu'avant le premier exercice.

Ces problématiques humaines, particulièrement en France et dans toute entreprise où le climat social est tendu, où les restructurations et les réorganisations sont fréquentes, doivent être prises en compte, étudiées, préparées pour désamorcer le plus vite possible les mauvaises interprétations ou les incompréhensions.

RETOUR D'EXPÉRIENCE

- Là encore, l'expérience du télétravail généralisé pendant la crise sanitaire, et les efforts considérables de certains salariés dans l'industrie pour produire dans des conditions difficiles, a renvoyé aux oubliettes la prise en compte du facteur humain dans le choix des solutions de secours.
- Avant la crise sanitaire, les DRH étaient conscients que lors de l'activation d'un PCA, les salariés travailleraient différemment, dans d'autres lieux, sur la base du volontariat. La crise a enterré le volontariat.
- Toutes les directions sont aujourd'hui convaincues que si leur entreprise venait à subir une interruption majeure, tous les salariés seraient sur le pont pour assurer la continuité des activités quelles que soient les conditions de travail imposées. C'est un triste constat.

LES BONNES PRATIQUES

- Les problèmes techniques liés aux solutions de secours se règlent au fil des exercices PCA, les problématiques humaines sont plus difficiles à gérer. Il ne faut pas oublier que le personnel doit avoir confiance dans le PCA et que si les questions humaines ont été occultées ou presque, le PCA ne trouvera pas la légitimité suffisante pour s'inscrire peu à peu dans la culture de l'entreprise. Il leur sera juste imposé.
- Les objectifs du PCA doivent être expliqués à tout le personnel, afin d'éviter les mauvaises interprétations.
- La direction des ressources humaines doit être pleinement intégrée dès le début du projet.

CHAPITRE 5

La fonction de responsable PCA

> Le responsable PCA doit savoir utiliser les bons éléments de langage, se faire comprendre, se faire entendre et obtenir les moyens de développer le PCA.

La place du responsable PCA dans l'organisation

La fonction de responsable PCA (RPCA) est de plus en plus visible depuis quelques années dans l'organigramme des entreprises. Cette fonction est encore parfois assurée par un responsable de projet issu de la direction des risques. Cela peut également être aussi, dans l'industrie, un responsable HSE, un directeur de la sécurité, un directeur de la sûreté, ou plus rarement un responsable des services généraux.

Il n'existe pratiquement plus de responsable PCA logé au sein de la direction informatique.

Dans le secteur financier et les sociétés d'assurance, dans les secteurs d'activité où le PCA est exigé par la réglementation, le responsable PCA est de plus en plus clairement identifié. Il consacre en moyenne 50 à 100 % de son temps à gérer les PCA de son entité.

La fonction de RPCA est de moins en moins considérée comme une fonction « administrative » comme elle l'a été pendant trop longtemps (rédaction des BIA *[Business Impact Analysis]*, collecte des modes opératoires PCA auprès des managers). La définition de la stratégie de continuité des activités ne se réduit pas à remplir des tableaux Excel.

L'organisation de l'exercice annuel du PCA et la sensibilisation du personnel requièrent des compétences transverses de management, de communication et de coordination.

La fonction de responsable PCA n'est pas enseignée dans les cursus de *risk management*. On commence à initier l'enseignement du management de la continuité des activités dans les masters de gestion de risques (ex : deux jours lui sont consacrés dans le master de l'ÉSA [École supérieure d'assurances]) mais il n'y a pas de formation universitaire, ni de cours spécifiques dans les écoles d'ingénieurs ou les écoles de commerce. C'est un métier qui s'apprend encore sur le terrain.

La formation du responsable PCA

Les formations au management de la continuité des activités que l'on trouve sur le marché sont encore trop théoriques et issues du monde anglo-saxon. La formation à la norme ISO 22301 relative aux systèmes de management de la continuité d'activité qui donne, après cinq jours, le titre de *Business Continuity Lead Implementer* n'est pas suffisante pour maîtriser toutes les clés de la réussite d'un projet; la majorité des formateurs n'a d'ailleurs qu'une expérience extrêmement réduite de la mise en œuvre des PCA et de leur activation réelle.

Le responsable PCA apprendra avant tout sur le terrain en développant le PCA. Sa formation initiale et son expérience professionnelle donneront une teinte spécifique à la manière dont il s'emparera du sujet.

Les qualités du responsable PCA

La fonction de responsable PCA (RPCA) dans l'entreprise est encore pionnière et souvent méconnue. Le RPCA devra souvent prêcher dans le désert avant de trouver l'écoute de ses collègues et de sa direction. Il faudra donc qu'il ait d'abord des qualités de communicant.

La bonne connaissance des activités de son entreprise est aussi requise pour mieux appréhender la criticité des activités et guider ses collègues lors des entretiens nécessaires au développement du PCA. Il devra également avoir une culture générale des systèmes d'information ou en savoir assez pour coordonner les besoins critiques informatiques exprimés par les métiers et les solutions de secours avec la direction informatique. Il devra également avoir une vision stratégique des activités de son entreprise pour comprendre où sont les enjeux de continuité et ainsi mieux les défendre auprès de sa direction.

Dans tous les cas, il devra à la fois avoir le recul suffisant pour garder une vision globale et transverse du projet et avoir le souci du détail pour repérer l'ensemble des grains de sable qui peuvent enrayer l'efficacité d'un PCA.

Au-delà de ces qualités, s'il est pourvu d'un certain charisme et est motivé, s'il est marathonien plutôt que sprinteur, il aura plus de chances de se faire entendre et d'obtenir les moyens nécessaires à long terme pour développer et maintenir les PCA en conditions opérationnelles.

Le responsable PCA aura de préférence:

- un peu de charisme;
- des qualités de gestion de projet à long terme;
- le sens de la communication;
- une bonne connaissance de l'entreprise, de ses activités et de ses enjeux;
- une culture des systèmes d'information, des solutions de secours;

- les contacts et l'écoute nécessaires auprès de la direction générale, de la direction informatique, des équipes opérationnelles et de la direction des ressources humaines.

Les responsables PCA les plus rapidement opérationnels et obtenant les meilleurs résultats sont en général issus de l'audit ou du contrôle interne parce qu'ils possèdent déjà un certain nombre des qualités et des compétences définies ci-dessus. C'est le cas également pour les RPCA ayant préalablement une expérience de conseil en organisation ou en stratégie.

Dans tous les cas, le responsable PCA ne doit pas avoir une expérience trop technique ou trop informatique car, souvent, cela a comme conséquence un manque de vision stratégique et globale du PCA.

Si le responsable PCA a besoin de se former lors de la réalisation de son PCA pilote, il devra choisir un expert qui saura, parallèlement au développement du PCA, lui transférer son savoir-faire au fil de l'eau.

TENDANCES ET ACTUALITÉS

Responsable PCA est une fonction d'avenir qui est de plus en plus recherchée dans les entreprises. Les RPCA formés capables de mener à bien le développement, les exercices et l'optimisation de leurs PCA ne sont pas encore très nombreux en France mais c'est une fonction qui se développe et dont les compétences sont recherchées.

LES BONNES PRATIQUES

- ✔ Le RPCA aura des compétences de management, de communication et de coordination.
- ✔ Il doit avoir une vision stratégique des activités de l'entreprise.

CHAPITRE 6

Phase 1 : définir la stratégie de continuité des activités

« La phase 1 est commune à tous les scénarios d'interruption que l'on souhaite couvrir par un PCA. La qualité de sa réalisation est primordiale car toutes les autres phases en dépendent. »

Ce chapitre détaille la phase 1 de la méthode, soit la définition de la stratégie de continuité des activités. Elle est capitale : du soin apporté à cette phase dépendra la qualité du PCA.

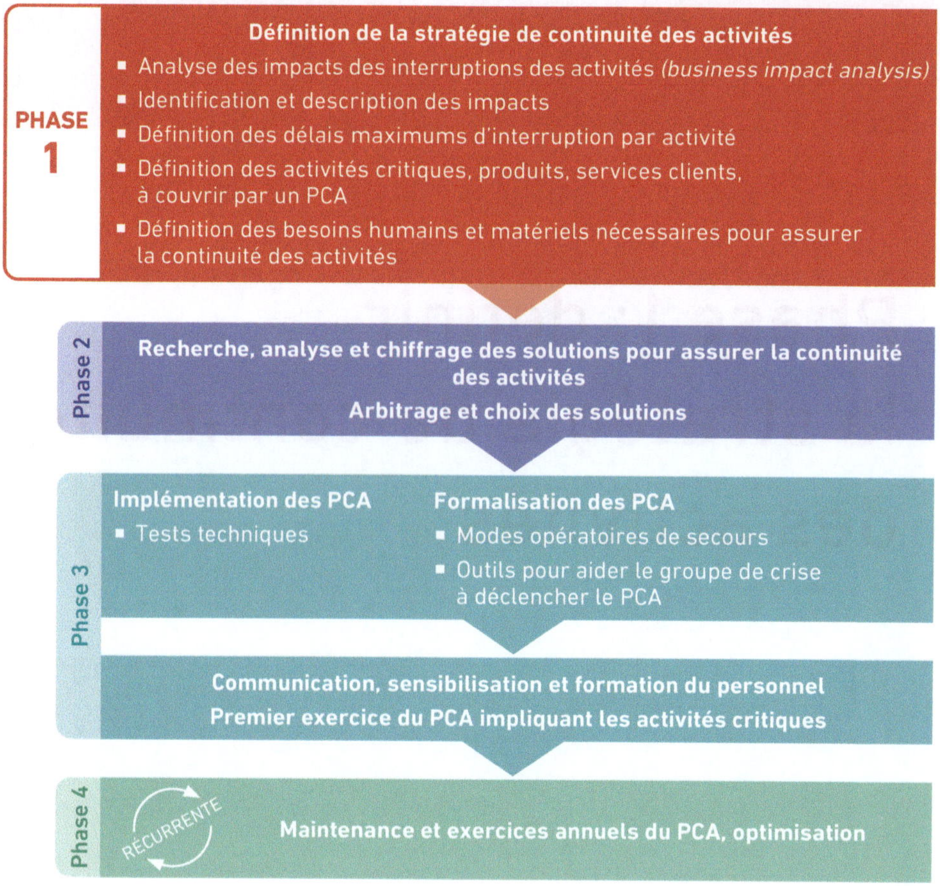

Les objectifs de la stratégie de continuité des activités

La stratégie de continuité des activités est élaborée lors des entretiens avec les contributeurs définis, à savoir les managers et les responsables opérationnels. Comme indiqué au chapitre 3, le nombre d'entretiens doit être suffisant pour réaliser de manière approfondie l'analyse des impacts des interruptions des activités et définir la criticité des activités.

LES POINTS DE VIGILANCE

Les objectifs de la phase 1 à atteindre sont les suivants :

- connaître et comprendre les activités (flux amont, aval, volume d'activité, périodicité, compétences, process) ;
- analyser les impacts des interruptions des activités (également connu sous le terme BIA *[Business impact analysis]*) ;
- définir le délai maximum d'interruption des activités ;
- définir la liste des activités critiques (mais aussi des produits, des services critiques et des clients à servir en priorité) ;
- définir le niveau de service ou de production minimum après une interruption ;
- définir les ressources humaines indispensables pour assurer la continuité des activités critiques ;
- définir les ressources matérielles indispensables pour assurer la continuité des activités critiques ;
- lister les pistes de secours envisageables pour assurer la continuité des activités.

La qualité de la phase 1 dépend de la suffisance et de la pertinence des entretiens menés avec les bons contributeurs. Mener un entretien pour définir la stratégie de continuité des activités nécessite une méthode et une approche spécifiques. De toutes les étapes de la réalisation d'un PCA, c'est la plus complexe. Les interlocuteurs rencontrés doivent se projeter dans une situation exceptionnelle que 99 % d'entre eux n'ont jamais vécue, hors crise sanitaire de Covid-19. Il n'est pas toujours facile pour eux d'évaluer les impacts d'une interruption de leurs activités. C'est pourquoi il faut d'abord les rassurer, leur exposer clairement les objectifs de l'entretien et les guider, afin d'obtenir des informations au plus près de la réalité.

À ce stade, il est essentiel de se souvenir que définir la stratégie de continuité des activités est un exercice basé sur une projection dans une situation exceptionnelle. C'est un exercice qui requiert modestie et prudence. Les informations qui vont ressortir des entretiens ne sont pas des vérités gravées dans le marbre mais des éléments à considérer avec un certain recul qui pourront, si besoin, être challengés.

Comment mener un entretien pour définir la stratégie de continuité des activités?

Un entretien a une durée approximative de 2 h, son déroulement idéal est présenté ci-après, de même que le temps imparti pour chaque phase.

Les paragraphes suivants sont construits comme un guide pratique de l'entretien et indiquent le temps à passer pour chaque étape. Il ne s'agit pas d'engager directement la discussion avec un questionnaire: il faut d'abord conduire l'analyse avant de poser les questions clés (qui sont en réalité la finalité). Si on pose les questions directement (hélas, c'est souvent la pratique utilisée par les RPCA, par manque d'expérience), on n'obtient pas les mêmes résultats et surtout, on n'aura pas assez d'éléments pour justifier la criticité de certaines activités devant la direction.

On ne demande pas d'emblée à son interlocuteur de lister ses activités critiques et ses délais maximum d'interruption.

Préparer son interlocuteur avant d'entrer dans le vif du sujet

5 min

Avant d'expliquer les objectifs de l'entretien, il faut s'assurer que l'interlocuteur est à l'aise avec le sujet et le rassurer quant à la portée de l'exercice.

Voici quelques éléments de langage pour faciliter l'introduction:

« Nous allons faire ensemble un exercice qui va vous plonger dans une situation exceptionnelle que vous n'avez sans doute jamais vécue. C'est un exercice que nous allons faire également avec vos collègues (indiquer ici le nombre de contributeurs que vous allez rencontrer selon la même méthode. »

« Vous allez imaginer que vos activités s'arrêtent, au même titre que toutes les activités de votre site. »

« Vous allez imaginer que vous êtes avec vos collègues au point de rassemblement en bas de l'immeuble et que vous ne pouvez plus rentrer dans l'immeuble. »

EN RÉSUMÉ

- Mettre son interlocuteur dans de bonnes conditions.
- Le rassurer.
- Dire que l'on va réaliser ensemble un exercice.
- Dire que l'exercice va être réalisé avec plusieurs responsables de service.
- Annoncer à l'interlocuteur que l'exercice fera l'objet d'un compte rendu qu'il devra valider.

15 min

Connaître et comprendre l'activité

Avant de se plonger dans cette situation exceptionnelle, il s'agit de connaître et de bien comprendre l'activité en utilisant l'organigramme du service pour être sûr de n'oublier aucune activité et faciliter la rédaction du compte rendu une fois l'entretien terminé.

Il faut d'abord étudier les flux amont: à partir de quoi l'activité travaille, quels sont les flux (marchandises, flux informatiques, courriers papier ou digitalisés) qui alimentent le service pour lui permettre de réaliser ses activités. Il faut également identifier les flux aval, autrement dit définir les services qui dépendent de ce que «produit» l'activité. Il faudra identifier les interdépendances avec les autres services et aussi avec les fournisseurs et prestataires externes.

Il s'agit ensuite de comprendre l'activité réalisée par temps calme (process quotidien, hebdomadaire, mensuel, annuel, période de forte activité). Connaître l'activité n'est pas suffisant, il faut bien comprendre ce que l'activité fait car il faudra plus tard solliciter l'interlocuteur et le guider dans les prochaines étapes et avoir des repères.

Il faut également prendre connaissance des ressources humaines et matérielles nécessaires à la réalisation de l'activité. On pourra dans cette étape détecter les savoir-faire uniques et les éventuels outils spécifiques indispensables.

Cette étape, pourtant essentielle, doit être menée rapidement, avec méthode. Le responsable PCA doit avoir la capacité de comprendre rapidement ce que font quotidiennement le responsable qu'il interroge et son équipe. Il ne doit pas s'attacher à tous les détails mais relever l'essentiel pour pouvoir ensuite rebondir sur certains éléments lors des étapes suivantes.

Il ne s'agit pas de faire un compte rendu précis de l'activité mais de disposer de suffisamment d'éléments pour alimenter les étapes suivantes. Partir de l'organigramme est une méthode facilitatrice. Allez à l'essentiel.

EN RÉSUMÉ

- Comprendre l'activité (flux amont et aval).
- Identifier les interdépendances avec les autres services et les fournisseurs et prestataires externes.
- Se baser sur l'organigramme du service.
- Se renseigner sur les volumes d'activité.
- Se renseigner sur la périodicité.
- Détecter les savoir-faire uniques.
- Détecter les éventuels outils spécifiques à la réalisation de l'activité.

Analyser les impacts des interruptions de l'activité

40 à 60 min

DÉFINITION

BIA *(business impact analysis)*

Avant d'exposer le déroulement de cette étape, arrêtons-nous d'abord sur la terminologie employée. Conduire une BIA *(business impact analysis)*, terme fréquemment utilisé par les entreprises en France, c'est conduire une analyse des impacts des interruptions de l'activité. Le terme BIA est presque toujours mal traduit et réduit à « analyse d'impact ». Faire une analyse d'impact ne veut rien dire de précis et peut être mal compris par les interlocuteurs.

La traduction de BIA par « analyse d'impact des interruptions des activités » a du sens, elle est plus juste et plus parlante.

Familles d'impacts et mesures : ce qu'il ne faut pas faire

La méthode la plus souvent utilisée pour qualifier les impacts (voir tableau suivant) n'est pas très éloquente et encore moins parlante pour justifier la criticité d'une activité devant un comité de direction.

Exemples de tableaux fréquemment utilisés pour mesurer l'impact des activités

Analyse d'impact	Impact commercial	Impact image	Impact financier	Impact juridique
Activité 1	Fort	Fort	Fort	Moyen
Activité 2	Moyen	Faible	Moyen	Moyen
Activité 3	Faible	Faible	Aucun	Aucun

Analyse d'impact	Impact commercial	Impact image	Impact financier	Impact juridique
Activité 1	4	4	4	3
Activité 2	3	2	2	2
Activité 3	1	1	0	0

LES POINTS DE VIGILANCE

- Ces tableaux sont souvent associés à une légende théorique avec des fourchettes d'impact financier qui sont supposées aider à déterminer la criticité d'une activité.
- Mais peut-on vraiment estimer ce que nous coûtera l'arrêt d'une activité ? Peut-on évaluer financièrement l'impact d'un arrêt de l'activité sur l'image d'une entreprise ?
- Remplir ces tableaux paraît une méthode facile pour réaliser l'analyse des impacts des interruptions mais elle en limite la portée et ne fait pas du tout apparaître les impacts factuels, à savoir la seule information sur laquelle les interlocuteurs interrogés peuvent rationnellement et raisonnablement se prononcer.

Les responsables PCA, souvent challengés par des comités de direction qui leur demandent de justifier la criticité d'une activité et devant alors expliquer un résultat 3 ou 4, faible ou moyen dans un tableau, se trouvent souvent démunis et sans « matière réelle et factuelle » pour prouver la criticité d'une activité.

Ces méthodes peuvent être abandonnées au profit de celles qui privilégient la définition des impacts factuels en cas d'interruption de l'activité.

La méthode suivante permettra de qualifier les impacts d'interruption et de ne plus jamais manquer d'arguments lorsqu'un membre d'un comité de direction demande de justifier la criticité d'une activité.

■ Conduire l'analyse des impacts des interruptions et approcher le délai maximum d'interruption

Les éléments de langage cités plus haut peuvent être utilisés pour projeter son interlocuteur dans une situation exceptionnelle qui viendrait arrêter son activité, en commençant par exemple par lui demander s'il a déjà vécu des interruptions ou des dysfonctionnements au sein de son activité. Cela peut être un problème informatique (très fréquent dans la vie des entreprises) qui a pu bloquer l'activité quelques heures ou une journée, l'absence de plusieurs personnes en même temps à cause d'une intoxication alimentaire à la cantine, le dysfonctionnement d'un service en amont. Lui demander ce que cela a généré comme impact est une méthode très simple qui permet déjà d'appréhender la criticité d'une activité et son délai maximum d'interruption.

Dans près de 70 % des cas, les interlocuteurs auront quelque chose à raconter si une interruption de leur activité, même minime, est déjà survenue. Vous pourrez ainsi déjà approcher, par rapport à des faits réels, la criticité de l'activité.

RETOUR D'EXPÉRIENCE

- Au-delà de ces petites interruptions, une interruption plus longue doit être envisagée avec votre interlocuteur en posant les questions suivantes :
  - Que se passe-t-il si votre activité s'arrête une demi-journée ? Est-ce tolérable ?
  - Que se passe-t-il si votre activité s'arrête une journée ? Est-ce tolérable ?
  - Que se passe-t-il si votre activité s'arrête deux jours ? Est-ce tolérable ?
  - Que se passe-t-il si votre activité s'arrête trois jours ? Est-ce tolérable ?
  - Que se passe-t-il si votre activité s'arrête une semaine ? Est-ce tolérable ?
- Les réponses à ces questions seront des éléments factuels dont il faudra prendre note pour justifier la criticité des activités.
- Les simples descriptions factuelles de ces impacts ne sont-elles pas plus parlantes que d'indiquer pour ces activités : impact commercial fort, impact image fort, impact financier fort ? Cela ne prend pas plus de place dans un tableau, c'est précis, concret et opposable, face à une direction qui viendrait douter de la criticité d'une activité.

Exemples d'impacts factuels :

- « Si je ne peux pas préparer mes commandes et les expédier dans la journée, demain, c'est cinquante magasins qui ne seront pas livrés et seront en rupture de stock pour au moins 20 % des références. »
- « Si nous ne pouvons pas répondre aux demandes des souscripteurs (environ trente appels par jour), nous ne pourrons pas débloquer les fonds pour la garantie obsèques sous 48 h et nous ne respecterons pas notre engagement contractuel, sans compter l'impact que cela aura sur notre image. »

En posant ces questions et en augmentant peu à peu la durée d'interruption, le point de rupture va se dessiner et le fameux délai maximum d'interruption au-delà duquel l'activité ne peut pas s'arrêter parce que l'impact est intolérable va pouvoir être défini.

En fin d'entretien, les activités du service peuvent être classées par ordre de priorité en se basant sur le délai maximum d'interruption.

Étudier les périodes critiques

Cette analyse peut être affinée en étudiant les différentes périodes d'activité. Il y a des périodes où, si l'activité s'arrête, les impacts sont tolérables et d'autres où cela n'est pas tolérable : si une usine qui produit des blocs de foie gras est arrêtée en mars, c'est beaucoup moins préjudiciable que si elle s'arrête mi-novembre.

Il reste néanmoins des activités pour lesquelles il est difficile de trancher la criticité. Une activité qui est critique dix jours par mois doit-elle figurer dans le PCA ? La réponse est oui. Douze fois par an, si l'interruption a lieu pendant ces dix jours sensibles, elle est préjudiciable. Nous pouvons ici renouer avec la probabilité d'occurrence.

LES POINTS DE VIGILANCE

- ✔ Indiquer dans l'analyse les périodes sensibles ou de forte activité permettra en fin de processus d'entretien de construire la frise suivante. Elle pourra permettre de mieux évaluer les moyens de secours et de les répartir entre les activités en fonction des périodes de l'année. Cela limitera également le coût des solutions et intéressera sans doute la direction.

Exemple de frise avec périodes de forte activité pour les unités de production d'une entreprise

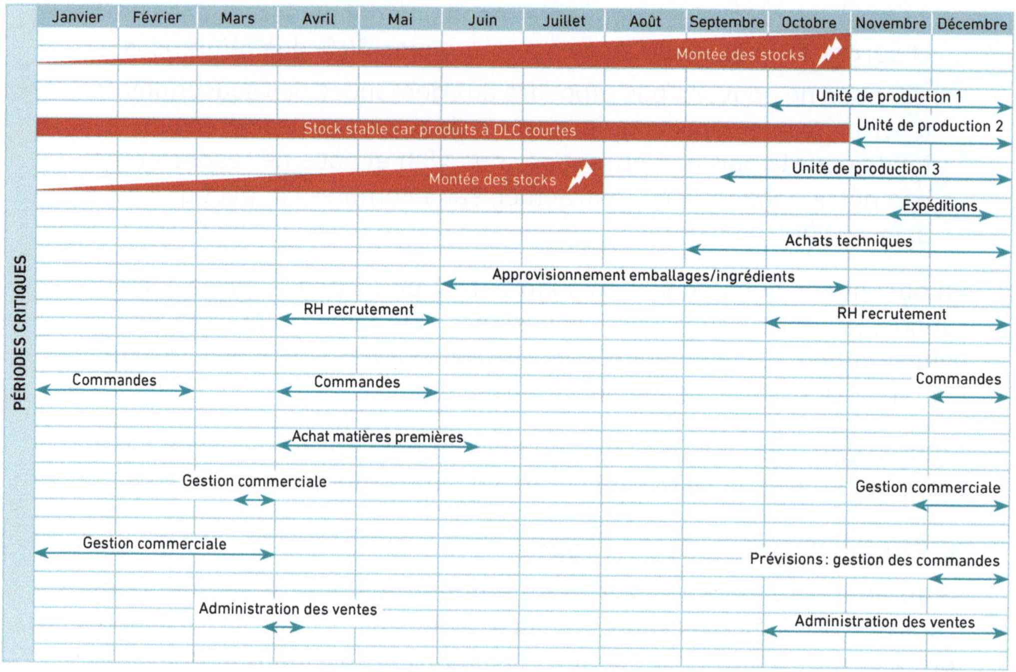

■ Étudier les volumes d'activité

L'étude des volumes d'activité est également nécessaire pour affiner la criticité de l'activité et le délai maximum d'interruption. Elle est à mettre en rapport avec le temps nécessaire qu'il faudra pour rattraper le retard après une interruption.

Par exemple, si un service de gestion traite deux cents contrats par jour qu'il doit envoyer dans les 24 h à ses clients (engagement qualité) et qu'il estime qu'il peut seulement rattraper chaque jour cinquante contrats, c'est-à-dire traiter deux cent cinquante contrats au maximum chaque jour après un arrêt de 24 h, on comprend aisément que le délai maximum d'interruption de cette activité va être extrêmement court.

■ Définir un délai maximum d'interruption

Devant un comité de direction, le responsable de service qui n'a pas su se projeter dans une situation de crise et prendre du recul apparaîtra comme un interlocuteur qui a exagéré la criticité de son activité par rapport à ses collègues qui ont réussi à mieux appréhender les exigences et les enjeux de l'entreprise dans une situation de crise.

Le rôle de guide du RPCA pour aider à « relativiser la criticité des activités » est capital. On comprend aussi aisément que l'entretien ne peut pas être mené à partir d'un questionnaire qui appelle des réponses simples ou binaires, au risque d'enlever tout son intérêt à l'exercice.

L'évaluation de la criticité des activités et du délai maximum d'interruption est un exercice, une projection dans une situation inconnue. La majorité des interlocuteurs aura du mal à relativiser la criticité de ses activités. De plus, dire que son activité peut s'arrêter une semaine ou plus sans impact majeur, c'est accepter de ne pas « être critique », c'est-à-dire de ne pas être indispensable à l'entreprise. C'est aussi pourquoi les interlocuteurs ont du mal à relativiser la criticité de leurs activités. Qui voudrait être considéré comme non indispensable ? Souvenez-vous de la dimension humaine du PCA.

LES POINTS DE VIGILANCE

- Il n'y a rien de mathématique dans l'évaluation de la criticité d'une activité, c'est un exercice d'approche qui requiert prudence et modestie et qu'il faut prendre le temps de faire. Il faut éviter que des membres du comité de direction sourient lorsqu'ils trouvent que la criticité d'un service a été exagérée et que des responsables de service soient ainsi moqués. C'est le rôle du RPCA d'éviter ce type de situation, de veiller à la meilleure évaluation possible et d'assurer la cohérence globale de la criticité de l'ensemble des activités avant de présenter le résultat de cette étape à une direction.
- Trop peu de soin est encore apporté à cette étape. Il ne faut alors pas s'étonner que la direction fasse des arbitrages drastiques ou demande au RPCA de revoir sa copie. Hélas, lorsque cela se produit, la crédibilité du projet PCA est mise à mal.
- L'évaluation au plus juste de la criticité des activités est l'étape la plus difficile à réaliser dans la construction de la stratégie de continuité des activités et c'est même la plus complexe de l'ensemble du projet PCA.

Les activités avec des délais maximums d'interruption très courts, qui doivent reprendre dans les premières heures après une interruption, sont assez rares. On les retrouve dans les salles des marchés, les banques d'affaires, les *back-offices* avec des *cut-offs* spécifiques, les activités liées à la santé ou à une réglementation très stricte, aux *call centers* ou encore à certaines activités logistiques.

Lorsqu'une activité doit reprendre sous 4 h, il faut également savoir que les solutions de secours doivent être opérationnelles très rapidement et testées très régulièrement. Ces délais maximums d'interruption très courts doivent également intégrer le temps nécessaire à un groupe de crise pour se réunir et activer le PCA. Les crises réelles nous indiquent qu'il faut au moins 2 à 3 h à un groupe de crise avant de déclencher son PCA.

Autrement dit, si une activité ne peut presque pas s'arrêter, il faut que la solution de secours soit presque opérationnelle en parallèle, en permanence. Il n'est pas toujours facile de présenter cette réalité à ses interlocuteurs et de leur faire admettre une interruption d'un jour minimum.

Il est également important de ne pas confondre les activités très critiques qui doivent reprendre en quelques heures avec les équipes qu'il faudra mobiliser pour gérer la crise. Ce sont deux éléments distincts. La définition des activités critiques et du personnel indispensable pour reprendre les activités dans les premières heures est une étape à part entière. La définition des acteurs à mobiliser pour gérer la crise est un travail d'une autre nature qui relève de la gestion de crise.

Définir la criticité des activités et leur délai maximum d'interruption est une étape sensible. C'est pourquoi, les RPCA devraient tous avoir suivi une formation suffisamment qualitative pour s'assurer de la réussite de cette étape. Il faut en moyenne trois jours de formation avec des ateliers de travail et des mises en situation, ainsi qu'au moins cinq entretiens réels accompagné d'un expert, pour que le RPCA possède l'argumentaire et les bonnes pratiques pour mener efficacement l'ensemble des entretiens. Au total, c'est un investissement d'une dizaine de jours pour avoir les outils et les arguments pour bien guider les contributeurs et les aider à définir des délais maximums d'interruption réalistes.

■ Lister les fournisseurs critiques ou prestataires de services essentiels

La liste des fournisseurs critiques ou de prestataires de services essentiels (PSE) doit être récupérée ou définie (si l'analyse n'a pas déjà été réalisée précédemment).

Le scénario d'interruption des fournisseurs critiques est une problématique qui fait partie du management de la continuité des activités. Une liste exhaustive doit être établie pour permettre de conduire l'analyse de la pertinence et de la suffisance de leur PCA. Une section spécifique aux PCA des fournisseurs critiques et des PSE est proposée plus loin dans cet ouvrage, au chapitre 11.

RETOUR D'EXPÉRIENCE

- La crise sanitaire de Covid-19 a mis en lumière la nécessité d'intégrer les fournisseurs et les prestataires critiques dans le management de la continuité des activités et de travailler étroitement sur cette problématique avec la direction des achats.

Lister les savoir-faire ou les compétences uniques

Les savoir-faire uniques ou les compétences uniques doivent être listés. Là encore, cette analyse peut avoir déjà été réalisée dans une démarche de cartographie des risques. Elle devra alors être mise à jour pour sensibiliser la direction si elle n'a jamais été impliquée dans l'analyse de cette problématique. Les savoir-faire ou compétences uniques correspondent aux activités pour lesquelles il n'y a pas de polyvalence.

Les compétences uniques sont détenues par quelques collaborateurs, parfois internes ou externes à l'entreprise (particulièrement au sein des directions informatiques). Il faudra établir la liste des collaborateurs concernés.

LES POINTS DE VIGILANCE

Les compétences uniques

Pour les détecter, l'astuce est la suivante :

- Poser la question : « Comment faites-vous quand cette personne est en vacances ? » Si la personne emporte son PC avec elle et doit être joignable, vous êtes face à une compétence unique. Au contraire, si cette personne peut tranquillement partir quinze jours en vacances sans impact sur le fonctionnement du service, ses compétences ne sont pas essentielles.
- En conclusion, au-delà de la direction générale, les femmes ou hommes clés dans les entreprises se comptent sur les doigts d'une main.

■ Définir le niveau de production ou de service minimum pour assurer la continuité après une interruption

Ces informations existent rarement dans les tableaux qui synthétisent la stratégie de continuité des activités. Après la définition du délai maximum d'interruption, on passe généralement directement à la définition des moyens humains et matériels nécessaires pour assurer la continuité des activités critiques. Ne faut-il pas décider à ce stade du niveau de service ou de production minimum à réaliser après une interruption avant de lister les ressources dont on aura besoin pour assurer la continuité ?

Comment peut-on évaluer des ressources sans avoir suffisamment réfléchi et défini le niveau de production ou de service minimum qu'il faudrait pouvoir assurer après une interruption majeure ?

LES POINTS DE VIGILANCE

Après avoir admis une période d'interruption maximum, il faut définir quel serait le niveau de service ou de production minimum qu'il faudrait pouvoir assurer lors de la reprise des activités après une interruption majeure. Les exemples suivants peuvent être des indicateurs :

- réaliser 50 % du volume d'activité habituel la première semaine puis revenir progressivement à 100 % la deuxième semaine ;
- ne traiter que les contrats des clients critiques (liste définie chaque année) ;
- ne produire que ces cinquante références pour les quatre enseignes de la grande distribution ;
- livrer en priorité les magasins qui n'ont pas de zone de stockage dans les grandes villes ;
- livrer en priorité les *duty free* suivants .../... avec les produits suivants .../... ;
- encaisser en priorité les chèques du type de clientèle suivant .../... et ceux d'un montant supérieur à .../....

Après avoir défini ce qu'on voudrait faire en priorité lors de la reprise des activités, on peut plus précisément évaluer les ressources humaines et matérielles indispensables pour assurer le niveau de service ou de production défini.

LES BONNES PRATIQUES

- Abandonner les méthodes de qualification et de quantification des impacts.
- Décrire factuellement l'impact d'une interruption.
- Poser des questions ouvertes et augmenter progressivement la durée d'interruption, afin de définir le point de rupture, c'est-à-dire le délai maximum d'interruption.
- Affiner le délai maximum d'interruption avec l'étude des fortes périodes d'activité.
- Affiner le délai maximum d'interruption avec l'étude des volumes d'activité et la prise en compte du temps nécessaire pour rattraper le travail en retard.
- Définir les activités critiques et leur délai maximum d'interruption est l'étape la plus sensible : bien prendre en compte la dimension humaine.
- Le responsable PCA doit posséder la méthode, les outils et les arguments pour guider les contributeurs à définir le délai maximum d'interruption le plus réaliste (opposable à un comité de direction).
- Lister les fournisseurs critiques et leur capacité à faire face à une interruption (se reporter au chapitre spécifique qui définit la démarche à suivre).
- Avant de définir les besoins d'une activité pour assurer sa continuité, définir les actions prioritaires lors de sa reprise d'activité.

10 min

Définir les ressources humaines et matérielles indispensables pour assurer la continuité des activités

Une fois le niveau de service ou de production minimum défini, on peut déterminer les ressources nécessaires pour assurer la continuité des activités critiques. Il convient de définir d'abord les ressources humaines et le nombre de personnes nécessaires pour reprendre efficacement les activités. Il faut également réfléchir à la montée en charge du personnel, c'est-à-dire le nombre de personnes à J, J + 1, J + 2 et ce en général jusqu'à J + 5. Au-delà, cela n'est pas nécessaire, car les activations réelles de PCA démontrent que 48 h à 72 h après la reprise des activités, la direction a déjà défini d'autres priorités qui nécessitent des adaptations au niveau des équipes impliquées dans les PCA.

À ce stade, il est trop tôt pour nommer le personnel. En effet, si l'activité n'est finalement pas retenue critique par le comité de direction, nous aurions fait perdre du temps à notre interlocuteur. Le personnel impliqué dans le PCA est nommé en phase 3 lors de la conception des modes opératoires PCA (parfois des mois après la validation de la stratégie de continuité des activités).

Il faut ensuite définir les ressources matérielles critiques, à savoir toutes les ressources informatiques et techniques dont les activités critiques auront besoin, pour assurer la continuité des activités :

- les applications critiques ;
- les bases de données ;
- les liens web utiles ;
- les imprimantes (dont celles qui sont spécifiques) ;
- les scanners ;
- les autres outils ;
- les outils de production.

EN RÉSUMÉ

1. **Définir le nombre de collaborateurs indispensables pour réaliser les tâches prioritaires juste après la reprise d'activité (max J + 5).**
2. **Ne pas nommer à ce stade les collaborateurs : attendre que l'activité soit validée comme étant critique par la direction (en phase 3).**
3. **Être précis dans la définition des outils critiques (et notamment les outils informatiques dont la liste sera ensuite transmise à la DSI pour construire les solutions de secours.**

Envisager les pistes de secours pour assurer la continuité des activités

S'il reste du temps à la fin de l'entretien, et seulement si tous les thèmes cités ci-dessus ont été couverts, celui-ci peut être utilisé pour identifier les différentes solutions de secours qui pourraient être envisagées et notamment, pour les activités de services, les possibilités de travail à domicile qui existent déjà.

Il s'agit à ce stade d'enquêter sur les éventuelles solutions de secours qui pourraient le mieux convenir au service en restant fidèle aux habitudes de travail. Dans le secteur tertiaire, faites le point sur les enseignements du télétravail pendant la crise sanitaire. Existe-t-il des filiales ou d'autres services dans un autre site dont l'activité est proche et où les activités critiques pourraient être transférées ?

Dans l'industrie, on peut s'intéresser aux stocks de sécurité, aux autres sites de production qui pourraient se substituer au site nominal, ainsi qu'à la sous-traitance.

Cet échange en fin d'entretien prépare la phase 2 et permettra aussi d'avoir quelques pistes de réflexion à présenter aux membres du comité de direction, toujours très friands de ce type d'informations, préférant se projeter dans les solutions de secours plutôt que d'arbitrer et valider le périmètre des activités critiques à couvrir par le PCA.

Néanmoins, l'objectif de la phase 1 est avant tout d'analyser les impacts des interruptions des activités et de définir le plus qualitativement possible les activités critiques, leur délai maximum d'interruption, le niveau de service ou de production minimum à assurer après une interruption ainsi que les ressources humaines et matérielles pour garantir la continuité des activités critiques.

Il faudra d'abord faire valider la liste des activités critiques et leur délai maximum d'interruption par la direction avant de rechercher des solutions de secours, analyser leur faisabilité et les chiffrer.

EN RÉSUMÉ

L'objectif de la phase 1 est de qualifier au mieux les activités critiques, leur délai maximum d'interruption (DMI), le niveau de service ou de production à maintenir après une interruption soudaine des activités, ainsi que les ressources humaines et matérielles indispensables pour réaliser la liste de tâches prioritaires.

LES BONNES PRATIQUES

- ✔ **Ne pas aller trop vite. L'analyse et le choix des solutions de secours sont réalisés après la validation/arbitrage de la stratégie de continuité des activités par la direction.**

Fin de l'entretien

Il est recommandé de s'assurer que l'on a bien toutes les informations avant de terminer l'entretien. Si chaque interlocuteur doit envoyer un complément d'information par mail, cela sera compliqué à gérer, fera perdre du temps et contraindra à beaucoup de relances. Dès que l'interlocuteur a terminé l'entretien, il aura des difficultés à se replonger seul dans les conditions de l'exercice, à moins que ces informations soient des éléments complémentaires assez simples à rassembler et à transmettre très vite après l'entretien.

Compiler les informations issues des entretiens

L'interlocuteur a été sollicité pour répondre à des questions. À la fin de l'entretien, il est rare qu'il ait encore précisément en tête toutes les informations qu'il a partagées. C'est pourquoi il est essentiel de les lui restituer dans une forme synthétique, facile à corriger, à compléter et à valider.

Il ne sert à rien de lui résumer son activité dans les détails : les très grandes lignes – et seulement pour vous assurer que vous avez bien compris ce qu'il faisait au quotidien avec son équipe – sont suffisantes.

Après avoir relu les comptes rendus, si la criticité de certaines activités ne semble pas suffisamment bien appréciée, certains interlocuteurs peuvent être invités à revoir leur analyse. Il conviendra de les challenger. Il est essentiel qu'ils puissent avoir la possibilité de faire cette rectification pour éviter d'être mis en porte-à-faux devant la direction et apparaître exagérément critique ou, inversement, d'avoir sous-évalué la criticité de leurs activités.

Les comptes rendus peuvent être présentés sous format Excel, sous la forme suivante (à adapter bien sûr à la spécificité des activités en modifiant le titre des colonnes ou en en ajoutant des colonnes spécifiques).

LES BONNES PRATIQUES

- ✔ **Le compte rendu compilant les informations issues des entretiens doit être facile à valider par les contributeurs.**

Principaux thèmes d'un compte rendu « stratégie de continuité des activités »

Description de l'activité	Service
	Activités
	Responsable interviewé
	Tâches si besoin de dispatcher l'activité
	Total collaborateurs
	Interdépendances avec d'autres services internes
	Saisonnalité
	Volume d'activité
	Prestataires ou fournisseurs critiques externes
	Savoir-faire unique
Analyse d'impact des interruptions des activités	Impacts en cas d'interruption d'activité
	Délai max d'interruption
	Description du niveau de service minimum PCA
Ressources PCA pour assurer la continuité des activités critiques	RH PCA H+4
	RH PCA J+1
	RH PCA J+2
	RH PCA J+3
	RH PCA S+1
	Applications, données et outils indispensables à la continuité
	Besoins en téléphonie pour assurer la continuité
	Nombre de PC H+4
	Nombre de PC J+1
	Nombre de PC J+2
	Nombre de PC J+3
	Nombre de PC S+1

Rédiger une synthèse pour le comité de direction

Une fois les comptes rendus par service ou par direction validés par l'ensemble des interlocuteurs, la synthèse pour la direction peut être rédigée. L'ensemble des validations doivent avoir été récupérées, les informations relatives à la criticité des activités sont sensibles, elles doivent être absolument validées par les contributeurs interrogés avant d'être présentées à la direction.

La synthèse présentée à la direction doit être simple et aller à l'essentiel. L'objectif est de faire valider et d'arbitrer la criticité des activités. Il n'est pas possible de présenter une suite de tableaux Excel. Il faut traduire les principales informations dans un document Powerpoint, point d'appui de l'échange qui doit avoir lieu entre les membres de la direction. Peu de temps sera accordé (environ 1 h de présentation), il est important de ne pas se perdre dans les détails.

RETOUR D'EXPÉRIENCE

Les sujets suivants peuvent être traités en synthèse :

1. Constats et impacts en cas d'interruption des activités.
2. Liste des activités critiques avec délai maximum d'interruption par site (ou produits critiques, clients critiques, points de vente prioritaires).
3. Focus sur les activités les plus critiques.
4. Focus sur les fournisseurs critiques, prestataires de services essentiels.
5. Focus sur les savoir-faire uniques.
6. Contraintes organisationnelles, techniques et informatiques à résoudre avant de déployer un PCA.
7. Pistes de secours envisagées (s'il y a assez d'éléments à présenter).
8. Prochaine étape du PCA (recherche des solutions pour assurer la continuité, analyse de faisabilité et chiffrage des solutions de secours envisagées).

La présentation de la synthèse n'est pas qu'un exercice descriptif, elle doit générer un débat. Le RPCA doit animer la présentation et solliciter les réactions pour atteindre ses objectifs de validation et d'arbitrage. Si la validation et les arbitrages ne sont pas faits lors de cette réunion, le projet sera bloqué car il est prématuré d'analyser et de chiffrer des solutions de secours pour des activités dont la criticité n'est pas acquise pour les dirigeants. La direction doit être informée du fait que la suite du projet ne sera possible que lorsqu'elle aura validé le périmètre des activités critiques à couvrir par un PCA et leur délai maximum d'interruption. C'est un prérequis.

Il existe une tendance des directions à vouloir faire chiffrer les solutions de secours avant de se prononcer sur la criticité des activités. Il faut absolument éviter cet écueil. La validation des activités critiques ne doit pas être faite à partir du coût des solutions de secours mais à partir de l'analyse des impacts des interruptions des activités. C'est le rôle du RPCA de faire admettre cette logique à sa direction.

Lorsque cette étape sera terminée, la phase la plus complexe du projet aura été réalisée, celle qui servira de base et d'appui pour la suite. Il faut prendre le temps de la réaliser car sinon, la criticité des activités pourra être remise en cause, ce qui compliquera la suite du projet.

LES BONNES PRATIQUES

- **La restitution auprès de la direction doit être simple, aller vers l'essentiel et doit ouvrir un débat.**
- **À l'issue de la réunion, le périmètre des activités critiques et leur délai maximum d'interruption doivent être validés par la direction.**
- **Il est prématuré de chiffrer des solutions de secours avant validation de cette phase 1.**
- **La validation des activités critiques dépend de l'analyse des impacts des interruptions des activités et non du coût des solutions de secours.**

CHAPITRE 7

Phase 2 : rechercher, analyser et chiffrer les solutions de secours

> Il ne suffit pas d'identifier des solutions de secours, il faut anticiper leur faisabilité et les chiffrer.

C e chapitre détaille la phase 2 de la méthode, soit la recherche, l'analyse de faisabilité et le chiffrage des solutions de secours. C'est une approche globale qui prend en compte les aspects organisationnels et pas uniquement les éléments techniques.

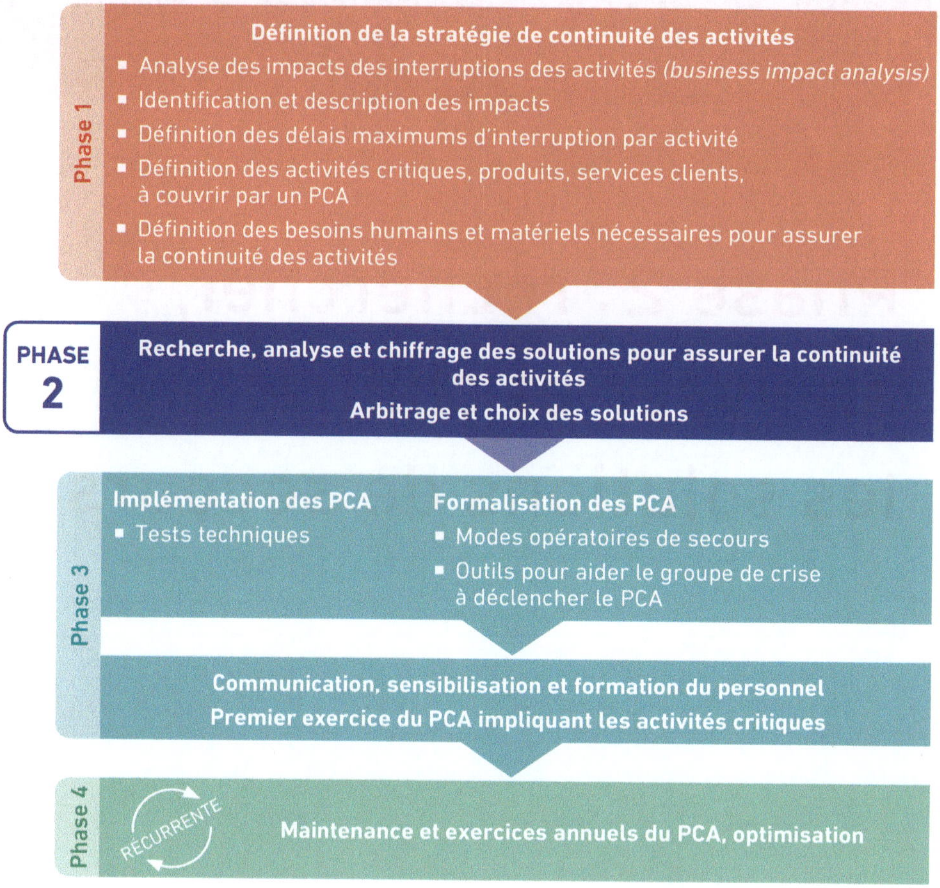

Travailler à domicile ou télétravailler

La crise sanitaire a généralisé et vulgarisé le travail à domicile. Avant les nombreux confinements, nous faisions la différence entre le télétravail réservé à des salariés éligibles un à deux jours par semaine et le travail occasionnel à domicile nécessaire en cas d'activation du PCA. La capacité d'assurer la continuité des activités critiques à domicile pendant une durée indéterminée était un sujet distinct. Les collaborateurs impliqués dans le PCA signaient une charte où ils s'engageaient, sur la base du volontariat, à emporter leur PC tous les soirs et à pouvoir travailler à domicile pendant une durée indéterminée en cas d'activation du PCA.

Aujourd'hui, la capacité de travailler à domicile est induite. Il n'y a plus de cadre. Il ne faut cependant pas oublier que l'annonce des confinements a laissé un petit temps précieux aux entreprises pour s'organiser.

En cas d'arrêt soudain et brutal des activités et d'incapacité à retourner dans les locaux d'une entreprise, nous sommes aujourd'hui incapables d'estimer le nombre de PC portables disponibles pour reprendre les activités critiques.

Les directions, convaincues que les collaborateurs peuvent à présent tous télétravailler au pied levé, oublient que les scénarios d'interruption peuvent être de différentes natures, plus soudains et plus brutaux et que les acteurs PCA n'auront peut-être pas leur PC à disposition ce jour-là.

Les responsables PCA doivent appeler à la vigilance et essayer de maintenir l'organisation spécifique qu'ils avaient pu mettre en place avant la crise sanitaire.

Les sites de repli

La crise sanitaire et la possibilité de travailler à domicile a considérablement démodé l'idée d'avoir recours à un site de repli. Des entreprises du secteur tertiaire sont en train d'abandonner leur site de repli interne ou externe, convaincues qu'elles n'en n'auront plus besoin.

Si, demain, une entreprise n'a plus de locaux parce qu'elle a subi un attentat ou un incendie, il n'y aura plus d'environnement commun où se réunir pendant de long mois, le temps de retrouver et d'aménager un nouveau site. La déstabilisation du personnel sera plus grande et leur capacité à travailler à long terme à domicile pourrait être remise en cause.

Les enseignements tirés de l'activation de PCA suite à une destruction des locaux renforcent les doutes émis ci-dessus : sans locaux, l'entreprise n'est plus identifiable, elle devient invisible...

Pendant les différents confinements, les locaux des entreprises étaient peu occupés mais ils existaient. La possibilité de « passer au bureau » était réelle.

C'est pourquoi nous invitons les entreprises à reconsidérer la nécessité d'avoir un site de repli, lieu de rencontre identifiable par tous les collaborateurs et pouvant être utilisé pour une durée indéterminée, le temps de retrouver et d'aménager de nouveaux locaux.

En conséquence, dans cette nouvelle édition, nous avons décidé de garder le chapitre consacré aux sites de repli et aux différentes réflexions nécessaires pour choisir la meilleure option.

Distance entre le site nominal et le site de repli

La distance entre le site nominal et le site de repli doit être suffisante mais également raisonnable. Il n'est pas envisageable de demander à des collaborateurs qui travaillent en région parisienne d'aller travailler sur des sites de repli à Marseille ou à Lyon. Seuls quelques collaborateurs pourront faire cet effort pendant plusieurs semaines. Le temps de transport vers le site de repli doit être compatible avec la vie privée des collaborateurs. Les sites de repli en grande banlieue constituent déjà une problématique pour les collaborateurs travaillant dans Paris ou en proche banlieue. Il n'est d'ailleurs pas rare, pour faire accepter un temps de transport plus long, de diminuer la durée de travail effective sur le site de repli. Cela peut être négocié avec les instances représentatives. Le temps de transport supplémentaire est ainsi en partie rémunéré.

Ceux qui réalisent des exercices PCA ont déjà pu constater les commentaires des collaborateurs lorsqu'ils doivent, un jour par an, se rendre sur un site de repli éloigné.

Sites de repli internes

Lorsqu'une entreprise possède plusieurs sites, elle a tendance à rechercher des solutions en interne pour limiter les coûts des solutions de secours et organiser le repli de ses activités critiques dans un environnement préalablement identifié et connu par le personnel impliqué dans le PCA.

Les espaces à occuper doivent être soigneusement étudiés : salles de réunion, open-spaces, salles de formation.

L'étude du repli dans un site interne doit tenir compte des éléments suivants :

- la distance avec le site nominal ;
- la disponibilité de l'environnement de travail de secours en rapport avec les délais maximums d'interruption ;
- le niveau d'équipement du site concerné et la rapidité d'installation du personnel devant reprendre les activités (capacité à se connecter facilement : *network points* ou wifi) ;
- l'accessibilité du site (badges, etc.).

LES POINTS DE VIGILANCE

- Il apparaît dans un premier temps toujours plus facile de se replier dans un site interne, mais il ne faut pas négliger la veille permanente et le maintien en conditions opérationnelles des espaces destinés au repli des activités critiques. Les sites évoluent et il faudra veiller en permanence à la capacité d'accueil, à la disponibilité des sites de repli internes et les maintenir en conditions opérationnelles.

Sites de repli externes

Des prestataires de services tels que Sungard AS ou IBM en région parisienne offrent un environnement de travail de secours mutualisé selon différents types de contrats. Les positions de secours peuvent être dédiées ou mutualisées, c'est-à-dire partagées avec d'autres entreprises. Le taux de mutualisation s'étend en général, en région parisienne, de cinq à vingt-cinq clients pour une position de secours.

Les contrats signés avec ces prestataires doivent faire l'objet d'une étude attentive, notamment sur les responsabilités du prestataire mais également sur celles de l'entreprise. Il ne s'agit pas d'externaliser simplement une prestation mais de trouver un partenaire capable de fournir un environnement de secours approprié et un service de bon niveau en cas de déclenchement du PCA.

L'équipe informatique et le responsable PCA doivent s'impliquer. Les actions nécessaires pour implémenter les solutions de secours et préparer les tests et les exercices annuels doivent être réalisées avec soin. Il faut partager suffisamment d'informations et travailler en étroite collaboration avec l'équipe technique qui vous sera attribuée par le prestataire.

Activités transférées sur un autre site

Dans certains contextes, et dans certains pays à risques, les solutions de secours doivent se trouver en dehors du pays ou dans d'autres régions, dans une filiale qui a plus ou moins le même cœur de métier. Dans ces cas, il faudra être vigilant quant à la disponibilité et aux compétences du personnel chargé de reprendre l'activité à distance.

Il faudra définir préalablement un mode opérationnel où le personnel reprenant l'activité est préalablement dégagé de certaines tâches pour pouvoir réaliser les activités critiques du site touché par une interruption majeure et soudaine. Il faudra, au moins une fois par an, réaliser un exercice sur un ou plusieurs jours pour s'assurer que les tâches critiques sont bien prises en charge par le personnel du site identifié.

Ce type de secours s'inscrit également dans le domaine industriel où une usine peut plus ou moins augmenter sa production ou produire un peu différemment pour se substituer momentanément à un autre site de production arrêté. Le cahier des charges doit être très bien décrit et testé régulièrement afin de s'assurer de la faisabilité de la solution.

Analyse de la faisabilité des solutions de secours

Une entreprise peut assurer la continuité de ses activités critiques en panachant plusieurs solutions (ex : site de repli et télétravail).

Comme nous l'avons déjà abordé précédemment, l'analyse des solutions ne dépend pas seulement de leur faisabilité technique. Les aspects humains et organisationnels doivent être étudiés avec soin et, notamment, toute solution qui requiert de déplacer le personnel sur un site plus ou moins éloigné du site nominal.

Coût des solutions de secours

Le chiffrage des solutions de secours est un exercice qui requiert de la prudence. Dans le cas d'une solution externe, le coût de la solution n'est pas seulement limité à la prestation annuelle. Il faudra y ajouter le coût humain, c'est-à-dire le coût des jours-hommes en interne pour l'implémentation et les tests annuels de la solution.

Il y a, dans tous les types de solutions, des coûts initiaux (investissements) et des coûts annuels récurrents. L'analyse financière doit prendre en compte ces éléments afin de présenter les budgets les plus justes à vos directions.

LES BONNES PRATIQUES

- Il est recommandé de négocier des jours de tests supplémentaires en plus de ceux proposés dans le contrat de base, au moins les deux premières années.
- De même, les dates de tests et d'exercices annuels doivent être réservées très en amont car le calendrier de tests chez les prestataires est souvent bien rempli. Aucune entreprise n'aime réaliser des tests en août ou fin décembre et les plages de tests qui vont vous correspondre le mieux seront sans doute déjà réservées par d'autres clients.
- Ces points doivent être étudiés avec le prestataire avant de signer un contrat.
- La capacité de tous les collaborateurs à télétravailler ne garantit pas la disponibilité des PC portables à l'instant T de l'interruption des activités.
- Rechercher un site de repli, interne ou externe.
- Analyser et chiffrer les solutions de secours.
- La formalisation des modes opératoires débute lorsque les solutions de secours ont été validées et budgetées par la direction.

CHAPITRE 8

Phase 3 : formaliser le PCA

> Les modes opératoires de secours sont rédigés pour soutenir le personnel qui a besoin de repères simples et concrets.
>
> Il faut éviter les recettes de cuisine qui n'ont jamais aucune chance d'être réalisées !

Ce chapitre détaille la phase 3 de la méthode, soit la formalisation du plan de continuité des activités. En effet, lorsque les solutions de secours ont été validées par la direction et sont en cours d'implémentation par les équipes concernées, il est nécessaire de matérialiser les modes opératoires qui seront déployés en cas d'activation du PCA.

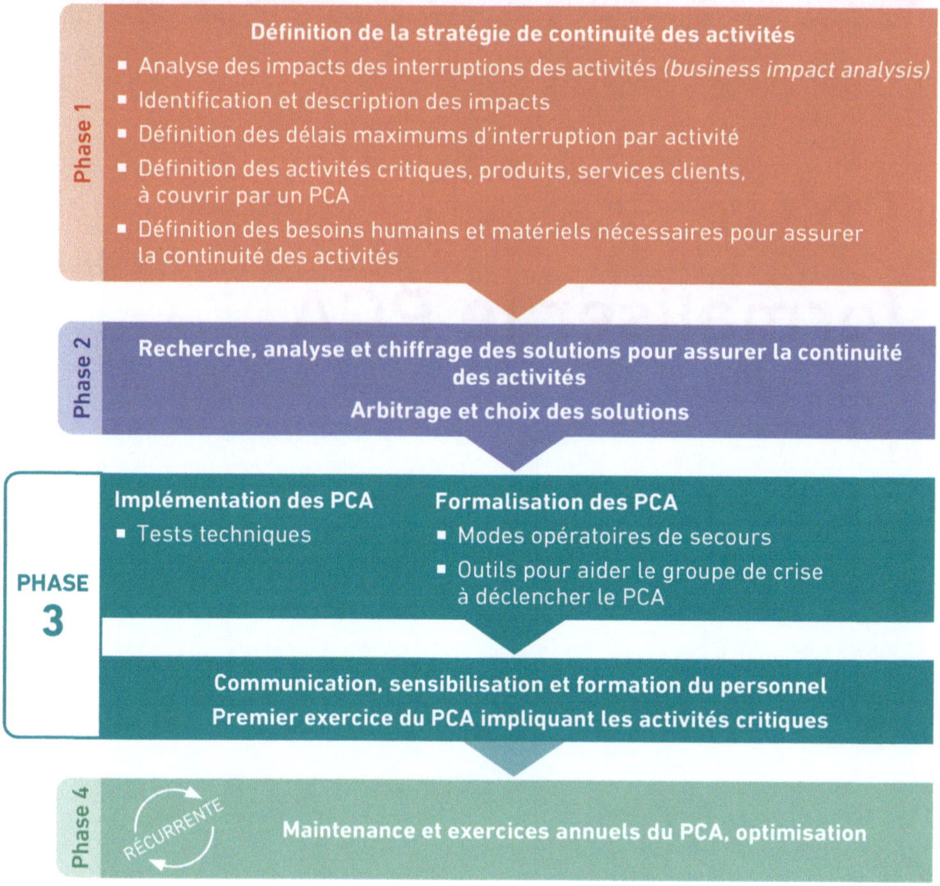

Objectifs des modes opératoires

Les modes opératoires PCA sont conçus et rédigés pour aider le personnel à reprendre efficacement les activités critiques après une interruption. Le personnel, à domicile ou sur le site de repli, doit redémarrer les activités critiques dans une situation exceptionnelle.

Les modes opératoires PCA sont rédigés pour soutenir le personnel, qui a besoin de repères simples et concrets pour reprendre efficacement ses activités. Ils doivent donc être succincts et pragmatiques. Ils doivent éviter au personnel de se poser des questions les premières heures ou les premiers jours de reprise de l'activité.

Dans la réalité des crises et lors du déploiement du PCA, ils sont en fait utilisés pendant quelques heures, voire deux jours, avant d'être adaptés aux directives du groupe de crise. Lors de la crise sanitaire et du premier confinement, les décisions de la direction se sont très rapidement substituées aux priorités définies dans les modes opératoires PCA.

LES POINTS DE VIGILANCE

Le mythe du retour à la normale

- Les modes opératoires PCA qui sont habituellement rédigés dans les entreprises couvrent une période beaucoup trop longue qui inclut le fameux « retour à la normale ».
- Or, l'activation d'un PCA démontre que, dans 100 % des PCA déployés, les modes opératoires PCA ne sont utiles que pendant les premières heures, voire les deux premiers jours suivant la reprise des activités. En effet, en fonction de la nature, de l'ampleur et de la durée de l'interruption, de la période de l'année ou du volume d'activité, du personnel disponible, les modes opératoires s'adaptent et sont vite obsolètes.
- Après l'activation d'un PCA, le retour à la normale est une vision assez utopique de la réalité. Ce qui se passe après une interruption majeure des activités entraîne toujours de nouveaux éléments qui sont impossibles à prévoir. On ne revient jamais tout à fait aux modes de fonctionnement qui existaient avant l'interruption.
- C'est pourquoi il est essentiel de concentrer le contenu des modes opératoires sur les premières actions à réaliser lors de la reprise de l'activité pour ne pas les alourdir inutilement.

L'expérience de la crise sanitaire démontre que les entreprises, pendant les premières semaines du confinement, décidaient des actions prioritaires presque chaque jour. C'est ce qui se passe dans la plupart des crises. Les modes opératoires des PCA sont des repères qui sont rapidement ajustés par le groupe de crise qui définit de nouvelles priorités en fonction de la durée et de l'ampleur de la crise, et aussi des volumes d'activité et de la période.

Rédaction des modes opératoires

Les modes opératoires PCA sont rédigés pendant une période calme, après avoir défini et validé le dispositif de secours, à savoir le personnel impliqué et les moyens qui seront à sa disposition lors de l'activation du PCA. Toutes les activités qui ont été validées critiques à la fin de la phase 1 doivent avoir un mode opératoire pour faciliter la reprise de leurs activités après une interruption.

Les modes opératoires sont développés en collaboration avec les mêmes contributeurs que ceux rencontrés lors de la phase 1 pour définir la stratégie de continuité des activités.

La démarche la plus efficace est d'organiser un atelier de travail animé par le responsable PCA (RPCA) avec les personnes citées en amont.

Le mode opératoire PCA est rédigé pendant l'atelier de travail en accord avec tous les participants. Le RPCA présente la trame et les objectifs du mode opératoire. Les participants peuvent ainsi débattre de ce qui doit figurer ou non dans le mode opératoire et s'accorder sur le contenu.

Le rôle du RPCA est de rappeler que le mode opératoire doit permettre de reprendre efficacement l'activité à partir du délai maximum d'interruption et des ressources humaines et matérielles qui seront à disposition.

Contenu des modes opératoires

Liste du personnel du service impliqué dans le dispositif PCA

La première tâche qui consiste à lister le personnel impliqué dans le dispositif PCA est un exercice nécessaire mais délicat. Il s'agit ici de nommer les personnes du service qui seront impliquées en cas d'activation du PCA.

LES POINTS DE VIGILANCE

- Notons, pour les entreprises qui ne souhaitent pas nommer le personnel mais qui préfèrent indiquer des fonctions, qu'ainsi, le PCA a peu de chance d'être opérationnel.
- Si cette pratique a tendance à se raréfier, on constate encore des modes opératoires PCA sans équipe nommée. Comment lancer un PCA sans disposer immédiatement d'une liste de personnes à mobiliser? La raison invoquée par les responsables PCA est le temps nécessaire qu'ils doivent passer chaque année à mettre à jour la liste du personnel impliqué dans le PCA. C'est hélas une action obligatoire et récurrente qu'il faudra réaliser au moins une fois par an.

Le choix de la *dream team*

Il s'agit d'abord de nommer le personnel le plus à même de reprendre efficacement et de façon autonome les activités critiques.

Cet exercice peut poser quelques problèmes car le choix des personnes s'avère parfois subjectif et ne relève pas simplement de l'organigramme habituel du service. La sélection ne se fait pas seulement sur des critères de compétences, mais également sur des qualités personnelles (disponibilité, adaptabilité, autonomie, capacité à travailler dans une situation de crise). Les responsables de service éprouvent parfois de la difficulté à réaliser cet exercice car les critères de choix de leur «*dream team*», celle qui sera la plus efficace pour reprendre les activités critiques, sont parfois subjectifs.

Le rôle du responsable PCA est de les mettre à l'aise pour nommer efficacement le personnel impliqué dans le PCA. Il ne s'agit pas de réorganiser leur service au quotidien mais bien d'avoir les meilleurs acteurs capables de reprendre l'activité dans une période de crise.

Une double équipe

Il s'agit de constituer deux équipes, pour pallier l'absence éventuelle de certaines compétences mais aussi pour impliquer le plus d'acteurs possible dans le PCA. Il ne s'agit pas de créer une équipe de titulaires et une équipe de remplaçants mais de constituer plutôt deux équipes, équilibrées en compétences et en qualités personnelles. S'il y a suffisamment d'acteurs compétents pour constituer deux équipes, elles peuvent être qualifiées de façon plus neutre: équipe jaune et équipe mauve.

Il vaut mieux en effet, pour un service de trente personnes, impliquer, en accord avec les compétences requises, vingt personnes plutôt que dix dans le dispositif PCA. Cela évite à certaines personnes de se sentir en dehors du processus et de rester inactives. Le personnel qui reste trop longtemps en dehors du processus PCA retrouvera difficilement sa place après la crise.

C'est aussi pourquoi, lorsque l'on se penche sur la réalité de cette situation, on peut dire qu'il n'existe pas de retour à une situation normale. L'entreprise qui va déclencher son PCA pour une durée de quelques semaines, impliquant une partie de son personnel « sauveur » de l'entreprise et laissant l'autre partie « inactive » sans participer à l'effort de recouvrement ne sera « humainement » plus jamais la même.

Ces éléments, pourtant très sensibles, sont encore peu pris en compte dans la construction des PCA. Si dans un premier temps, le personnel non impliqué paraît heureux de rester à la maison, « payé à ne rien faire », la réalité d'une crise démontre le contraire. Beaucoup de ceux qui ne sont pas impliqués initialement dans le PCA cherchent après quelques jours à se rendre utiles et à participer d'une manière ou d'une autre au recouvrement des activités critiques.

Plan d'actions pour les métiers critiques : les tâches prioritaires

Il ne s'agit pas ici de réécrire les procédures du service mais de souligner les actions prioritaires à réaliser dans les premières heures ou les premiers jours après la reprise, en accord avec le délai maximum d'interruption.

Après un ou deux jours d'interruption, il s'agit d'abord de faire quelques contrôles avant de débuter les tâches prioritaires liées au cœur de métier.

L'état des lieux suivant est recommandé :

- disponibilité du personnel impliqué dans le mode opératoire PCA, sur le site de repli et à domicile (Quelles sont les forces en présence pour assurer le recouvrement des activités ?) ;
- mise à disposition et fonctionnement des outils informatiques critiques ;
- récupération des liens web utiles ;
- état des lieux des dernières données enregistrées avant l'interruption (A-t-on perdu des informations, des e-mails ? Comment faire pour les récupérer ?) ;

- période et volume d'activité ;
- évaluation du retard pris et du temps nécessaire pour le récupérer ;
- liens avec les services en amont et en aval (Votre service est-il alimenté par un service en amont dont la reprise d'activité est préalablement nécessaire ?) ;
- point avec le groupe de crise qui décidera peut-être d'axer les priorités différemment ;
- point avec le groupe de crise avant toute communication à l'extérieur (en accord avec la communication de crise externe).

Les tâches prioritaires peuvent ensuite être listées pour le premier et le deuxième jour, en accord avec le processus habituel des activités. Il faut indiquer également des notions de volume, de priorisation (type de clients, type de dossiers, urgences à réaliser en priorité) et ne pas se projeter à moyen terme. Se concentrer uniquement sur les premières actions. Le groupe de crise et les managers décideront vite d'autres priorités à réaliser.

Une annexe peut prévoir tous les liens web utiles, propres aux services et rarement connus des services informatiques. Disposer de toutes ces adresses dans un fichier, notamment en cas d'utilisation d'un nouvel ordinateur à domicile ou sur le site de repli sera fort utile.

Une autre annexe peut lister les éventuelles fournitures nécessaires sur le site de repli (à gérer par le RPCA en collaboration avec les services généraux) : tampons de signatures, pochettes de classement, autres fournitures spécifiques, etc.

Notons que depuis l'expérience de la crise sanitaire, la digitalisation des documents et les signatures électroniques ont considérablement réduit les besoins en fournitures spécifiques.

Mode opératoire pour les ressources humaines

Si les métiers critiques vont réaliser des actions proches de ce qu'ils faisaient avant l'interruption, certaines fonctions support doivent réfléchir au rôle qu'elles auront à jouer en cas d'activation du PCA et rédiger leurs modes opératoires en conséquence. Il s'agit plus précisément des ressources humaines et des services généraux.

Si la première activité critique de la direction des ressources humaines est d'assurer la continuité de la paie, le rôle qu'elle aura à jouer lors de l'activation d'un PCA est bien plus large et doit être anticipé dans son mode opératoire.

■ Maintenir la communication interne

Il est nécessaire d'anticiper une évacuation des locaux où le personnel devra être rapidement et continuellement informé de l'évolution de la situation, à savoir, selon les cas :

- attendre avant d'entrer à nouveau dans les locaux ;
- rentrer à leur domicile en sachant quel sera le mode de communication pour se tenir informé ;
- ou encore, pour les équipes les plus critiques, se rendre sur le site de repli (concerne les activités qui doivent reprendre dans la demi-journée).

Ces actions sont rarement anticipées dans les modes opératoires et elles font pourtant partie du processus de déclenchement du PCA.

LES POINTS DE VIGILANCE

- ✔ Il faut anticiper les actions de communication interne nécessaires lors du lancement du PCA et préparer les messages et les listes de destinataires en accord avec la stratégie de continuité. Cela inclut le contenu et les supports de communication (SMS, groupe WhatsApp ou autre outil de messagerie, beaucoup plus rarement aujourd'hui la cascade téléphonique).
- ✔ Si le responsable PCA prépare ces actions en amont, il est important d'y associer la direction des ressources humaines et/ou la communication interne.

■ Prévoir l'organisation sur le site de repli

Il faut également prévoir l'accueil (et dans certains cas, gérer aussi le transport) des salariés sur le site de repli et organiser des points réguliers avec le personnel travaillant à domicile. Il est fréquent, lors des premiers jours de reprise de l'activité que les personnes impliquées travaillent plus que dans une situation normale. Il faut donc anticiper les outils de mesure du temps de travail supplémentaire et les prendre en compte le plus tôt possible.

Il sera également nécessaire de mettre en place des ressources spécifiques chargées de veiller au respect des conditions de travail sur les sites de repli. Il est recommandé de faire chaque jour un état des lieux auprès du personnel et notamment sur les thèmes suivants : temps et conditions de travail, transport, restauration. Il est essentiel de prendre en compte les demandes des salariés et de les traiter au fil de l'eau.

Il faudra régulièrement faire ce même état des lieux avec le personnel travaillant à domicile. Cette veille, selon les entreprises, a plus ou moins bien été réalisée pendant la crise sanitaire.

Il est recommandé de communiquer et d'informer les instances représentatives pour détecter au plus vite les problématiques qui pourraient impacter le processus de recouvrement des activités critiques. Ce suivi doit être anticipé dans les modes opératoires de la direction des ressources humaines.

Des acteurs doivent être nommés pour être responsables du suivi du personnel et reporter au groupe de crise les problématiques qui nécessitent une implication de la direction (ex: prise en compte des problématiques de notes de frais, paiement des heures supplémentaires).

Mode opératoire pour les services généraux

Dresser un état des lieux

Les services généraux ont également un rôle particulier à jouer qu'il faut anticiper. Leur premier rôle, et plus largement celui des personnes en charge de la sécurité des locaux, est d'anticiper la check-list qui permettra au groupe de crise de faire un état des lieux précis de la nature et de l'ampleur de l'interruption si le site est inaccessible. Il faut avoir préalablement dressé une liste d'éléments à rassembler pour informer le plus efficacement possible le groupe de crise qui devra rapidement décider ou non de l'activation du PCA.

Cette check-list concerne l'analyse de la situation:

- ampleur de l'événement;
- état des lieux des dégâts;
- accessibilité du site touché;
- points avec les secours;
- lien avec les actions de la DRH déployées au point de rassemblement;
- information sur les éventuels blessés, etc.

Au début du processus de gestion de la crise, le groupe de crise est concentré sur les éventuels blessés ou les salariés manquants à l'appel et il cherche à savoir de manière précise la durée d'inaccessibilité aux locaux. Il a besoin d'informations factuelles pour prendre les bonnes décisions.

La direction, réunie en groupe de crise dans la plupart des cas observés, va chercher à tout faire pour éviter le déclenchement du PCA et va très fortement solliciter les services généraux ou les personnes en charge de la sécurité pour connaître la durée d'indisponibilité des locaux. C'est une réalité que l'on constate déjà dans les exercices de crise dont l'objectif est d'entraîner la direction à prendre la décision de déclencher le PCA.

Connaître la durée d'indisponibilité 2 h après une évacuation des locaux est souvent difficile à évaluer. C'est pourquoi les équipes en charge de l'état des lieux doivent absolument rassembler rapidement le plus d'éléments permettant au groupe de crise de prendre la bonne décision.

■ Assurer la logistique de transport et de fournitures

Lorsque le PCA est déclenché, les services généraux sont en charge de la logistique qui va permettre au dispositif PCA de se déployer. Dans certains cas, le transport vers les sites de repli peut être pris en charge par les services généraux si le site de repli est un peu éloigné du site habituel ou difficilement accessible en transport en commun. Un système de navettes peut être anticipé le matin et le soir.

Il s'agit également pour les services généraux d'acheminer les éventuelles fournitures critiques sur le site de repli. Ces fournitures doivent être stockées en dehors du site nominal, idéalement sur le site de repli ou chez un prestataire.

■ Gérer les repas

Les services généraux doivent également anticiper, dans leurs modes opératoires, la gestion des repas sur le site de repli. Il n'est pas rare, en France surtout, que le personnel déjeune encore dans la plupart des cas à la cantine de l'entreprise. Si le site de repli est interne, il faut étudier la possibilité que le personnel impliqué dans le PCA déjeune également à la cantine offerte par les locaux de l'entité ou la filiale servant de site de repli.

Le cas échéant, il existe en général trois alternatives :

- anticiper avec la DRH la distribution de tickets/cartes de restaurant dont il faut disposer en permanence ;
- faire livrer des plateaux repas ;
- ou encore rembourser, sur la base de justificatifs, le coût des déjeuners (dans certains cas, les salariés reçoivent même une avance sur frais).

La gestion des repas, particulièrement en France, en région parisienne ou dans les sites industriels sur tout le territoire français est souvent une problématique qu'il faut bien anticiper. Si le personnel est habitué à déjeuner à la cantine pour un repas complet à un coût raisonnable, il n'est pas rare, dans les cas observés, qu'un ticket repas soit insuffisant pour un déjeuner équilibré dans certains quartiers parisiens ou dans certaines villes. La prise en compte et l'anticipation des déjeuners sur le site de repli peut faire sourire mais ce n'est pas un sujet à prendre à la légère car il peut, les premiers jours, générer une insatisfaction générale dont le groupe de crise se passera bien de devoir gérer.

■ Acheminer le courrier

Une autre problématique à gérer par les services généraux est la gestion du courrier entrant et sortant. La complexité se situe surtout au niveau du courrier entrant. Le reroutage du courrier doit avoir été anticipé. Dans la plupart des arrondissements parisiens, La Poste offre la possibilité de signer un contrat de reroutage du courrier qu'il suffira d'activer par un mot de passe sur un site internet en cas de besoin. Hélas, ce n'est pas encore le cas sur tout le territoire. Il faudra alors étudier avec son bureau de poste de rattachement un moyen de rerouter le courrier vers un site où il pourra être trié. Ce site n'est pas obligatoirement le site de repli du personnel, surtout si le site de repli utilisé est celui d'un prestataire.

Il faut de l'espace pour trier le courrier et stocker celui des services non critiques qui sera distribué ultérieurement.

Il faut également prévoir d'acheminer le courrier des services critiques sur le site de repli ou la possibilité de le scanner. Il est recommandé d'installer les équipes en charge de la réception, du tri et des actions de digitalisation dans un lieu approprié qu'il faudra avoir identifié préalablement. Il ne faut pas prendre trop de temps pour activer le processus de reroutage, au risque de prendre du retard dans le traitement du courrier critique et son acheminement vers les services qui doivent le traiter.

Si ces actions n'ont pas été anticipées, il faudra les gérer à chaud et intercepter le courrier au bureau de poste avant qu'il ne soit envoyé sur le site nominal.

Le courrier sortant peut être acheminé tous les jours au bureau de poste proche du site de repli pour être affranchi et envoyé. Il est rare, à moins que le site de repli soit interne, de gérer l'affranchissement du courrier sur le site de repli. Notons qu'avec l'expérience de la crise sanitaire, le volume de courrier papier sortant a considérablement diminué grâce aux énormes efforts de digitalisation réalisés en quelques mois par les entreprises qui étaient en retard sur ces projets.

Modes opératoires destinés à la cellule de crise

Dans la plupart des entreprises, il existe déjà un mode organisationnel pour gérer les crises. Le processus de gestion de crise est plus ou moins tenu à jour selon les entreprises. La composition du groupe de crise, ainsi que son mode d'organisation, sont souvent liés aux crises « métiers » qui pourraient survenir.

Par exemple, dans une entreprise agroalimentaire, la composition du groupe de crise et la procédure seront développées pour traiter essentiellement toutes les problématiques liées au risque sanitaire, au rappel des produits ou à la santé des consommateurs. Dans un groupe pharmaceutique, le dispositif de crise sera concentré sur le risque du patient, notamment dans le cas de tests de nouveaux médicaments ou de problèmes pouvant survenir dans la consommation de médicaments déjà sur le marché.

LES POINTS DE VIGILANCE

- Dans la plupart des cas, la composition du groupe de crise et le mode organisationnel associé n'ont pas été conçus pour gérer l'activation d'un PCA. Dans les exemples cités précédemment, le responsable des ressources humaines ou le directeur informatique font rarement partie des membres de la cellule de crise. Et pourtant, en cas de crise touchant les locaux et générant une interruption des activités, les compétences informatiques et de gestion des ressources humaines seront nécessaires dans un groupe de crise.
- C'est pourquoi, pour gérer l'activation d'un PCA, il faut ajouter les compétences et donc les acteurs qui vont participer à l'analyse de la crise, lancer et gérer le recouvrement des activités.

On rédige alors une annexe à la procédure de gestion de crise déjà existante pour préciser la composition d'un groupe de crise adapté, avec toutes les compétences nécessaires. Un mode opératoire et une liste d'actions liées au processus de déclenchement du PCA doivent également être prévus. Les actions de communication internes et externes doivent également être définies dans la procédure spécifique adaptée au lancement du PCA.

La cellule de crise devra s'entraîner à gérer ce type de crise bien différent des crises « cœur de métier » pour lesquelles elle a déjà de l'expérience.

L'ajustement des procédures de crise pour gérer l'activation d'un PCA est une action qui est réalisée après la rédaction des modes opératoires des métiers critiques et des fonctions citées en amont. Il faut avoir matérialisé tous les modes opératoires et connaître précisément le dispositif PCA avant d'adapter la procédure de gestion de crise.

LES BONNES PRATIQUES

- Rédiger des modes opératoires pour aider les acteurs PCA à reprendre leurs activités efficacement (priorités).
- Concentrer les modes opératoires pour assurer la continuité des activités sur les premières heures et les deux premiers jours après la reprise d'activité (le groupe de crise définira vite de nouvelles priorités).
- Nommer le personnel en charge de la reprise d'activité (prévoir une deuxième équipe).
- Adapter le dispositif de crise existant pour permettre au groupe de crise de déclencher le PCA.
- Adapter la composition de la cellule de crise.
- Développer quelques outils pragmatiques pour faciliter le déclenchement du PCA par le groupe de crise.

CHAPITRE 9

Phase 3 : déployer son PCA et informer le personnel

> Un PCA qui ne fait pas l'objet d'une communication interne régulière sera difficilement opérationnel.

Implémenter le PCA

L'implémentation du PCA, c'est-à-dire le déploiement des solutions de secours, est propre à chaque entreprise. Pour les entreprises de services, il repose souvent sur la direction informatique et les services généraux. Dans les entreprises logistiques, il repose en partie sur les équipes de la *supply chain* et, dans l'industrie, en fonction du type de solution de secours, il peut impliquer plusieurs types de compétences industrielles et logistiques.

Le responsable PCA doit mettre en place un suivi régulier avec les équipes en charge de l'implémentation du PCA. Un cahier des charges doit être mis en place avec les acteurs et des deadlines doivent être définies.

La période d'implémentation du PCA est plus ou moins longue selon la complexité des solutions de secours à mettre en œuvre. Elle peut s'étendre de quelques semaines pour des entreprises de services à presque un an pour des problématiques industrielles ou logistiques.

Le coût d'investissement des solutions, particulièrement dans l'industrie, peut constituer un frein et ralentir le processus si les budgets n'ont pas été suffisamment bien définis.

Le responsable PCA doit coordonner les actions et suivre pas à pas le déploiement des solutions, même s'il n'en maîtrise pas toujours la technicité. C'est un exercice parfois difficile mais il est essentiel d'informer la direction du suivi de l'avancement du déploiement des solutions de secours et de signaler au fil de l'eau les éléments bloquants ou les retards pris.

LES POINTS DE VIGILANCE

- ✔ Aucune action de test ou d'exercice ne pourra être envisagée avant l'implémentation et les tests techniques des différents dispositifs de secours déployés.
- ✔ C'est pourquoi le responsable PCA doit être vigilant dans la gestion du calendrier d'implémentation des solutions de secours pour planifier et organiser le premier exercice impliquant les activités critiques.
- ✔ Il ne faudra pas annoncer trop rapidement la réalisation d'un exercice à la direction, au risque de devoir le décaler.

Communiquer, sensibiliser et former

Un PCA qui ne fait pas l'objet d'une communication interne régulière sera difficilement opérationnel. Il faut communiquer par temps calme et s'assurer que le personnel acteur ou non du PCA connaît le rôle qu'il aura à jouer en cas de déclenchement. Les entreprises communiquent encore trop peu en interne.

RETOUR D'EXPÉRIENCE

Comment tester le niveau d'information du personnel

Si vous reprenez un projet PCA, si vous menez un audit ou si vous voulez tout simplement savoir où en est le niveau d'information du personnel quant au PCA, faites l'exercice suivant.

- Postez-vous un matin à l'entrée de votre entreprise dont les locaux font l'objet d'un PCA et interrogez le personnel arrivant dans les locaux sur leur niveau de connaissance. Posez quelques questions simples :
- Avez-vous déjà entendu parler du PCA ?
- Savez-vous si l'activité que vous exercez est critique ?
- Connaissez-vous le délai maximum d'interruption de votre activité ?
- Quelle est la première action que vous auriez réalisée ce matin si vous aviez constaté en arrivant que les locaux étaient indisponibles ?
- Savez-vous comment vous informer en cas de déclenchement du PCA ?
- Connaissez-vous l'adresse du site de repli ? Est-ce que vous vous y êtes déjà rendu ?

Posez ces questions à une trentaine de collaborateurs et, en fonction de leur réponse, vous aurez une idée du niveau d'information et de sensibilisation du personnel.

Créer des outils de communication interne

Au-delà des stratégies de continuité des services et des modes opératoires PCA (livrables PCA) qui peuvent être stockés sur un *share point* spécifique, ainsi que les derniers rapports d'exercice, il faut créer des documents de référence pour expliquer le PCA au personnel.

Ces documents, que l'on peut faire vivre sur un intranet, comprendront deux volets :

- un premier volet consacré à l'information par temps calme, ou tout ce qu'il faut savoir sur le PCA (ses étapes de construction, ses contributeurs, son organisation, ses exercices et sa mise à jour) ;
- un deuxième volet consacré au temps de crise en cas de déclenchement du PCA.

Le premier volet peut présenter quelques documents simplifiés, suffisamment vulgarisés pour donner rapidement un aperçu de ce qu'est le PCA et à quoi il sert :

- historique du projet (photos et vidéo-témoignages de responsables d'activité et de personnel ayant déjà participé aux exercices) ;
- objectifs ;
- sites couverts par les PCA ;
- présentation du site de repli (photos ou vidéos tirées des derniers exercices).

Les coordonnées du responsable PCA doivent également figurer sur les supports pour permettre au personnel de poser des questions à un référent identifié.

Le deuxième volet peut présenter :

- les outils de communication par temps de crise (SMS, numéro vert réservé au personnel, groupe WhatsApp) ;
- la liste des personnes impliquées dans le PCA à H + 4, J + 1, J + 2, etc. ;
- le plan d'accès au site de repli ;
- les moyens de transports ;
- l'organisation du mode de vie sur les sites de repli ou du travail à domicile, etc.

Sensibiliser le personnel des services critiques

Lorsque les modes opératoires ont tous été rédigés, les noms de toutes les personnes impliquées dans le dispositif PCA sont disponibles. Il est alors possible de prévoir l'organisation de plusieurs sessions de sensibilisation en interne à partir des documents de référence, préalablement développés.

L'information sur l'intranet n'est pas suffisante, il faut rassembler les personnes participant au PCA et les informer en direct pour leur donner également la possibilité de poser leurs questions et les éclairer sur certains points.

Les sessions de sensibilisation peuvent avoir lieu dans un amphithéâtre ou dans de grandes salles de réunions, il n'est pas nécessaire de les faire par petits groupes.

Des sessions doivent être organisées chaque année, après les mises à jour des modes opératoires, avec le nouveau personnel impliqué dans le PCA.

L'ensemble du personnel pressenti pour réaliser un exercice PCA doit préalablement avoir suivi une session de sensibilisation. Une feuille de présence peut être prévue pour faire signer les participants des sessions. Ces traces peuvent être précieuses en cas d'audit afin de prouver que le personnel a été informé de manière sérieuse.

Les instances représentatives doivent également être invitées aux sessions d'information et de sensibilisation.

Une application spécifique peut également être créée pour que le personnel dispose des informations indispensables sur son téléphone mobile : cette application peut également servir en cas de déclenchement du PCA.

Sensibiliser le personnel des services non critiques

Lorsque le personnel des services critiques a été sensibilisé, il faut communiquer de manière plus globale avec l'ensemble du personnel. En effet, le personnel non inclus dans le dispositif PCA doit avoir la possibilité de comprendre pourquoi il n'en fait pas partie. C'est un exercice sensible mais qu'il faut faire par temps calme.

Les éléments de langage doivent être choisis pour ne pas heurter la sensibilité des personnes : aucun salarié n'aime se sentir non critique et non indispensable.

Les éléments suivants pourront aider à construire un argumentaire :

- le personnel doit comprendre que, si en temps normal, toutes les activités sont nécessaires, lors d'une interruption majeure et brutale où l'on ne peut pas offrir instantanément un environnement de travail à tous les salariés, certaines activités doivent reprendre avant d'autres ;
- le PCA doit se concentrer sur les activités les plus critiques en lien avec l'extérieur, les clients et les partenaires et, également, sur les revenus les plus importants pour sauver ainsi le cœur de l'entreprise et permettre à tous, à moyen terme, de retrouver une activité ;

- le PCA ne peut pas inclure 100 % des services, aucune entreprise ne l'a jamais fait, c'est beaucoup trop coûteux ;
- le PCA, c'est comme une assurance, on doit choisir sa couverture, on ne peut pas tout « assurer » ;
- néanmoins, il n'est pas rare que du personnel non prévu initialement soit impliqué au fil des semaines, soit pour reprendre son activité plus tôt que prévu, soit en renfort des activités critiques. C'est un constat qui a été fait lors de la crise sanitaire de Covid-19 ; très rapidement, tous les salariés ont pu reprendre leurs activités à domicile.

Informer le personnel en cas de déclenchement du PCA

Il existe plusieurs moyens de prévenir le personnel en cas de déclenchement du PCA. Les modes de communication doivent s'inscrire dans un mode de communication plus large que l'entreprise a choisi d'utiliser par temps de crise.

■ De la difficulté à recueillir les numéros de téléphone personnels

Quelle que soit la méthode utilisée, il faut avoir rassemblé les numéros de téléphone du personnel impliqué dans le PCA (salariés ou prestataires externes travaillant dans les locaux de l'entreprise).

Pour les salariés qui disposent d'un portable fourni par l'entreprise, l'exercice est simple. Cela devient plus compliqué quand il s'agit de recueillir les numéros de téléphone personnels. Les employés n'ont aucune obligation de fournir leur numéro de portable personnel à l'employeur, ils ne peuvent le faire que sur la base du volontariat. On comprend ici l'intérêt d'avoir sensibilisé et informé le personnel en amont. Lorsque la sensibilisation a été bien réalisée, on récupère plus aisément les numéros de téléphone personnels des salariés.

La direction des ressources humaines, associée au responsable PCA, a un rôle important à jouer dans le recueil des numéros de téléphone personnels. Depuis les attentats parisiens de 2015, il est plus facile de recueillir les numéros de téléphone des salariés car ils ont compris l'intérêt d'être prévenus en cas de crise.

Si toutefois, même après une sensibilisation personnalisée, des personnes critiques dont les noms figurent dans les modes opératoires PCA ne souhaitent pas donner leur numéro de téléphone personnel, il faut alors adapter en conséquence la composition de l'équipe en charge d'assurer la continuité des activités ou leur fournir un téléphone professionnel. Un effort doit également être fait pour mettre à jour, chaque année, la liste des numéros de téléphones personnels lors de la mise à jour des modes opératoires PCA.

L'expérience de la crise sanitaire a permis d'augmenter le nombre de téléphones portables professionnels dans les entreprises.

Les différentes méthodes de communication en cas de déclenchement du PCA

La cascade téléphonique	C'est la méthode la plus ancienne : chaque responsable de service est responsable de contacter les membres de son équipe. Cette méthode fonctionne pour les petites structures et n'est pas suffisante pour les entreprises dépassant cent cinquante personnes. Elle est d'ailleurs de moins en moins utilisée.
Les SMS	Cette méthode est plus commune aujourd'hui : les SMS sont personnalisés par type de personnel (personnel impliqué sur le site de repli à H + 4, J + 1, J + 2, personnel non impliqué dans les premiers jours), préalablement préparés et prêts à être envoyés rapidement aux destinataires via une application spécifique. Les listes de personnel sont prêtes en amont et le groupe de crise n'a plus qu'à écrire le message adéquat et à l'envoyer au personnel.
Le numéro vert	Au-delà des messages envoyés par SMS, courts et assez directifs, il peut être intéressant de créer un numéro vert réservé au personnel. Pendant les premiers jours suivant le déclenchement du PCA, le message peut être mis à jour plusieurs fois par jour pour informer le personnel de l'avancée du recouvrement des activités et de l'activation des solutions de secours. Le numéro vert doit être communiqué régulièrement au personnel et figurer par exemple sur un badge d'accès ou au bas des fiches de salaires pour être facilement accessible.
Le site internet ou l'application	Un site internet ou une application spécifique peuvent être créés pour divulguer des informations pendant la période de recouvrement des activités.

Quels que soient les modes de communications développés, il est essentiel qu'ils soient pilotés et hébergés sur des serveurs externes à l'entreprise (non physiquement situés dans les locaux habituels). Ces outils doivent être opérationnels immédiatement et doivent pouvoir être activés en dehors des locaux.

Lors de la crise sanitaire de Covid-19, l'utilisation d'outils tels que Teams ou Zoom a considérablement simplifié la communication interne.

Ces outils permettent de gérer une crise sans que tous les acteurs soient physiquement présents dans la même salle de réunion. Ils permettent également à tous les managers de faire des points réguliers avec leur équipe.

Communiquer sur le PCA avant de réaliser le premier exercice impliquant le personnel

Il est essentiel que les outils et les supports de communication existent avant de réaliser le premier exercice PCA impliquant le personnel des activités critiques.

Les sessions de sensibilisation doivent également être réalisées préalablement au premier exercice, au moins pour le personnel impliqué dans l'exercice.

LES BONNES PRATIQUES

- ✔ Le responsable PCA coordonne la mise en œuvre et le déploiement des solutions de secours.
- ✔ Le déploiement des solutions de secours dépend de la disponibilité des acteurs techniques et informatiques en charge de leur développement.
- ✔ Aucun exercice impliquant les acteurs PCA ne pourra être réalisé avant les tests techniques des solutions.
- ✔ Communiquer en interne est indispensable pour que tous les salariés connaissent les dispositifs de secours.
- ✔ Le personnel doit savoir quel rôle il aura à jouer en cas d'activation du PCA.
- ✔ La sensibilisation du personnel doit avoir lieu avant la réalisation du premier exercice impliquant les activités critiques.

CHAPITRE 10

Phase 3 : tester son PCA

> À partir d'exercices probants, le personnel prend conscience que le PCA n'est pas « virtuel » et il sera plus confiant en cas d'activation réelle.

Réaliser un exercice PCA impliquant le personnel des activités critiques

Test ou exercice ?

Les entreprises utilisent l'un ou l'autre de ces deux termes. En anglais, test veut plutôt dire « passer un examen ». Le mot « test » en français ne porte pas cette nuance. Le terme « exercice » est néanmoins plus approprié car il s'agit bien de s'exercer, de s'entraîner pour valider le bon fonctionnement des solutions de secours.

Il est nécessaire de faire comprendre au personnel que les premiers exercices vont révéler des failles et des améliorations à fournir pour que le PCA soit de plus en plus opérationnel. L'entreprise va donc s'entraîner et en tirera les enseignements pour optimiser le PCA.

Communiquer en amont sur la réalisation des exercices PCA en intégrant la notion d'entraînement et s'assurer que le personnel impliqué a bien compris qu'il s'agissait d'un exercice qui allait révéler des failles et des améliorations à fournir est un préalable essentiel.

RETOUR D'EXPÉRIENCE

- Trop souvent, la réalisation des premiers exercices PCA fait porter une pression trop importante sur les épaules du responsable PCA, des équipes techniques et informatiques qui s'imposent une exigence de bon fonctionnement total des solutions de secours.
- Les exercices sont faits pour révéler les manques et les corrections à apporter au PCA au fil du temps. Les conditions de préparation et de réalisation des exercices PCA doivent porter cette dimension d'entraînement.

  L'exercice PCA sera ainsi plus riche et plus constructif.

Qu'est-ce qu'un exercice PCA ?

On ne devrait pas appeler exercice PCA les tests techniques ou informatiques préalables à la réalisation des exercices impliquant le personnel des activités critiques. Ces tests techniques ou informatiques sont nécessaires et sont des prérequis. Aucun personnel ne devrait être sollicité sur un site de repli avant d'avoir reçu le feu vert des équipes techniques et informatiques. Il est aussi recommandé de demander aux équipes techniques et informatiques en charge de l'implémentation des solutions de secours de rédiger un rapport de test détaillé qui sera étudié avec le RPCA.

Si des outils ou des applications ne fonctionnent pas et nécessitent des interventions techniques plus ou moins longues, le responsable PCA pourra ainsi les exclure d'un exercice et ne pas solliciter le personnel qui utilise ces outils ou ces applications non encore disponibles.

Après les tests techniques, un point détaillé doit avoir lieu avec les équipes techniques et informatiques avant de planifier l'exercice PCA.

Il faut veiller à ce que le terme « exercice PCA » soit réservé aux tests réalisés par le personnel en charge des activités critiques. Les tests techniques et informatiques doivent être préalables. En aucun cas, ils ne peuvent être considérés comme suffisants pour valider les solutions de secours.

LES POINTS DE VIGILANCE

- Un exercice PCA ne doit pas être une simulation.
- Cela veut dire que ce qui est « produit » à partir des solutions de secours doit être réel et que le personnel doit pouvoir en retrouver la trace lorsqu'il reviendra travailler sur le site habituel. Les exercices réalisés dans un environnement de test créé spécifiquement par les équipes informatiques ne sont pas probants car ce qui est produit dans un environnement de test est détruit après l'exercice. C'est un premier niveau d'entraînement mais ce n'est pas réellement un exercice PCA.
- Dans une entreprise de services, ce qui est rassurant pour le personnel, c'est qu'il retrouve dans ses fichiers ou ses applications ce qu'il a « produit » depuis un site de repli. C'est seulement ainsi que le PCA trouvera une légitimité auprès du personnel.

À partir d'exercices probants, le personnel prend conscience que le PCA n'est pas « virtuel » et il sera plus confiant en cas d'activation réelle s'il a déjà constaté qu'il pouvait « produire » réellement à partir des sites de repli.

Lorsqu'il s'agit d'un exercice dans un environnement logistique et industriel, la même attention doit être portée sur la mise en œuvre de la solution de secours de A jusqu'à Z. Si c'est difficile à organiser, il faut réaliser des exercices sur un périmètre plus restreint mais toujours avec la volonté d'aller le plus loin possible dans l'utilisation de la solution de secours.

Objectif d'un exercice

Un exercice PCA doit permettre à l'entreprise de s'entraîner à travailler à partir des solutions de secours qui ont été préalablement implémentées et testées techniquement.

Les seules validations par les équipes techniques et informatiques sont insuffisantes. Seuls les représentants des activités critiques peuvent valider que la solution de secours est opérationnelle.

Le premier exercice

Le premier exercice PCA ne doit pas être trop ambitieux. Il doit idéalement concerner un échantillon des activités les plus critiques. Il est préférable d'avoir un représentant de chaque service plutôt que de concentrer l'exercice sur deux ou trois services. On validera ainsi le fonctionnement d'un maximum d'outils critiques et on partagera la solution de secours avec plus d'acteurs.

S'il s'agit d'une entreprise de services, il est recommandé de ne pas impliquer plus d'une vingtaine de personnes lors du premier exercice. Les acteurs définis pour réaliser l'exercice doivent avoir suivi au préalable une session d'information et de sensibilisation au PCA.

Planification d'un exercice

Si la solution de secours est externalisée chez un prestataire, la date d'exercice doit être réservée suffisamment en amont, au moins six mois à l'avance. Si l'exercice est réalisé à partir de solutions de secours internes, la planification peut être prévue un peu moins en amont.

Néanmoins, face à la réalité des agendas des participants, il vaut mieux prévoir la planification de l'exercice très en avance d'autant plus qu'il est toujours intéressant et même recommandé d'impliquer des responsables de services ou des directeurs comme observateurs.

Fréquence des exercices

Les entreprises ne réalisent en général pas plus d'un exercice par an par entité ou par site. Les actions relatives à l'organisation, la préparation, l'animation et les enseignements de l'exercice occupent plus ou moins une période s'étalant sur deux ou trois mois. Il est donc difficile, dans la plupart des contextes, de réaliser plus d'un « vrai » exercice PCA par an. Cependant, certaines entreprises, surtout les deux premières années après la mise en œuvre d'un PCA, réalisent parfois deux exercices par an.

L'essentiel est de réaliser un exercice probant par an dans les règles de l'art.

Périmètre de l'exercice

Comme cela a déjà été exposé, il est préférable d'impliquer un échantillon de chaque service plutôt que de concentrer un exercice sur deux ou trois services. Néanmoins, selon la complexité des activités et en fonction des fortes périodes d'activité, l'exercice peut être concentré sur quelques activités.

L'exercice peut combiner, en général plutôt à partir de la troisième année, plusieurs solutions de secours. On peut par exemple tester en même temps une partie des équipes travaillant sur le site de repli et les autres à domicile. Ce type d'exercice est intéressant car il permet de valider que des personnes du même service peuvent travailler ensemble dans des lieux différents. Après ce type d'exercice, on peut parfois constater que certaines activités que l'on pensait pouvoir être réalisées à domicile doivent, pour toutes sortes de contraintes, être réalisées depuis le site de repli.

Dans les entreprises de services, l'expérience de la crise sanitaire Covid-19 a permis au personnel de travailler ensemble à distance. Les confinements successifs ont considérablement amélioré la capacité d'être tous ensemble performants à distance.

Durée de l'exercice

Les exercices PCA se déroulent idéalement sur une journée. Certaines entreprises concentrent néanmoins leur exercice sur une matinée. Cela peut être suffisant dans certains cas si l'environnement de secours a été préalablement testé de manière satisfaisante. Il faut au minimum

3 h aux équipes techniques et informatiques pour intervenir sur les dysfonctionnements révélés au début des exercices. Un exercice d'une demi-journée n'est alors parfois pas suffisant pour être révélateur.

Certaines entreprises utilisent également la plage d'une journée afin de faire intervenir deux équipes, l'une le matin et l'autre l'après-midi, et tester ainsi un plus grand périmètre d'activités critiques.

Les exercices qui testent en parallèle deux solutions de secours (ex: site de repli et repli à domicile) doivent être réalisés sur une journée pour mesurer l'efficacité des solutions et prendre le temps de détecter les améliorations à apporter pour que le PCA soit plus performant.

Dans les secteurs industriels et logistiques, pour activer un autre mode de livraison ou de production, les exercices s'étalent sur plusieurs jours afin de tester l'ensemble de la solution de secours et le bon retour au mode de fonctionnement habituel.

La mise en place de l'exercice PCA

Préparation de l'exercice

■ Les participants

La préparation de l'exercice est assurée conjointement avec le responsable PCA, les équipes techniques et informatiques, ainsi que les responsables de service des activités critiques impliquées. En fonction de l'ampleur ou de la portée de l'exercice, les directions des ressources humaines et des services généraux peuvent également être impliquées.

Après avoir défini le périmètre de l'exercice et s'être accordé avec les équipes techniques sur les outils de secours qui seront disponibles, il faut nommer les participants. Il est essentiel que la liste des participants varie le moins possible entre leur nomination et la date de l'exercice. Les participants doivent réserver leur agenda la veille de l'exercice pour un briefing, la journée de l'exercice, ainsi que le lendemain pour un débriefing à chaud pour partager les résultats. Il faut prévoir environ une heure pour le briefing et une autre pour le débriefing. La séance de débriefing doit être planifiée au plus tôt l'après-midi du lendemain de l'exercice, pour laisser le temps au responsable PCA d'analyser les documents renseignés par les participants pendant l'exercice et d'en faire une première synthèse.

■ Les listes de tâches

Afin que l'exercice soit probant, il faut préparer des fiches de tâches à réaliser par activité critique. Ces fiches seront suivies par les participants qui noteront ce qu'ils ont réussi à faire et, également, les difficultés rencontrées. La liste des tâches critiques définies dans les modes opératoires peut servir de base.

Attention, l'objectif n'est pas limité à la validation d'outils ou d'applications mais bien de réaliser des tâches critiques à partir des outils de secours. Ces fiches doivent être formulées par tâche à réaliser et non par application ou outil de secours à tester. Ce qui est intéressant, c'est de valider qu'une tâche critique a été réalisée avec succès à partir de l'environnement de travail de secours et pas seulement qu'une application a été « ouverte avec succès ». Les exercices sont encore souvent réalisés à partir d'une liste d'applications à tester. C'est insuffisant et réducteur. Ces listes de tâches critiques par participant doivent être conçues par les responsables de services à partir d'une trame fournie par le responsable PCA.

■ Le planning d'organisation

La préparation de l'exercice doit faire l'objet de réunions entre le responsable PCA et les équipes techniques et informatiques. La dernière réunion doit avoir lieu la semaine précédant l'exercice, pour valider la mise à disposition de l'environnement de travail de secours.

Si tous les outils de secours n'ont pas pu être déployés, le responsable PCA peut encore rectifier le tir et annuler l'exercice pour quelques participants. Si, toutefois, le responsable PCA constate trop d'inconnues ou de dysfonctionnements avant l'exercice, il peut également le reporter. D'expérience, il n'est jamais trop tard pour reporter un exercice. Mieux vaut décaler à une date ultérieure plutôt que de réaliser un exercice dont on sait à l'avance qu'il ne sera pas probant. Si un exercice a pour objectif de révéler des dysfonctionnements et des points à optimiser, il ne doit cependant pas être un échec.

■ L'accompagnement informatique

Pour permettre aux salariés d'être plus autonomes, surtout s'ils travaillent à partir de nouveaux PC, l'équipe informatique peut préparer un guide.

Toutes les informations qui peuvent aider les participants et leur permettre d'avoir plus rapidement accès à leur environnement de travail sans faire appel à un assistant informatique peuvent être consignées dans ce guide. Celui-ci ne doit néanmoins pas faire plus de deux ou trois pages et doit être écrit de manière pédagogique. Il doit soutenir les participants sans leur donner l'impression d'avoir à lire un document fastidieux avant de démarrer l'exercice. Les phrases doivent être courtes et simples à comprendre. Le responsable PCA peut aider l'équipe informatique à finaliser la rédaction de ce guide avec les intentions définies ci-dessus.

■ La préparation du site de repli

La préparation de l'exercice inclut également la préparation du site de repli et notamment l'emplacement des équipes dans les espaces réservés.

Certaines activités doivent se retrouver proches les unes des autres pour mieux communiquer. Certaines fonctions ou activités plus confidentielles doivent être isolées et ne pas se retrouver près des allées de passage avec leurs écrans exposés aux yeux de tous (ex : activités juridiques, ressources humaines ou finance). Des cache-écrans doivent être prévus pour des activités qui requièrent une certaine confidentialité.

Outils supports de l'exercice

■ Le journal de bord

Au-delà de la fiche de tâches, il est recommandé de demander aux participants de s'exercer à renseigner un journal de bord pendant la durée de l'exercice.

Un journal de bord se remplit au fil de l'eau afin de signaler régulièrement les problèmes rencontrés et le délai qu'il a fallu pour les résoudre. Exemple : il est intéressant de savoir qu'un participant qui a rencontré un problème d'accès à ses fichiers a bénéficié d'une intervention de l'équipe informatique qui a résolu la problématique en 30 min.

Les participants ont également besoin de s'entraîner à renseigner un journal de bord au fil de la journée d'exercice car ils pourront avoir à le faire en cas d'activation réelle du PCA. Il ne s'agit pas de faire une synthèse en fin de journée des problèmes rencontrés mais bien de signaler régulièrement les dysfonctionnements, leur résolution ou leur non-résolution à la fin de l'exercice.

RETOUR D'EXPÉRIENCE

- ✔ L'analyse des journaux de bord par le responsable PCA sera précieuse et riche d'enseignements. L'expérience de la crise sanitaire de Covid-19 a néanmoins démontré l'abandon progressif des journaux de bord au profit des réunions virtuelles journalières. Il a peu à peu disparu des pratiques ces deux dernières années.

■ Le questionnaire d'exercice

Pour tirer parti des enseignements de l'exercice, il est également recommandé d'utiliser un questionnaire d'exercice que les participants devront renseigner à la fin de la journée.

Ce questionnaire doit leur permettre d'évaluer l'exercice de manière objective et également de façon subjective. Il est en effet important de mesurer le degré de confiance des participants dans le PCA. L'analyse des réponses sera riche d'enseignements. L'exercice se déroule une fois par an et il est nécessaire de disposer d'outils pour enregistrer l'expérience des participants pendant cette courte période. Trop d'exercices sont encore réalisés sans enregistrer exhaustivement l'expérience des participants. C'est dommage car ces supports renseignés constituent un excellent point d'appui pour faire évoluer le PCA.

Briefing des participants la veille de l'exercice

La veille de l'exercice, tous les participants – le responsable PCA, ainsi que les responsables des équipes techniques et informatiques – peuvent se rassembler pour un briefing.

RETOUR D'EXPÉRIENCE

Les bons éléments pour briefer les participants à l'exercice PCA

Un support doit être préparé et présenté avec les éléments suivants :

- rappel des objectifs de l'exercice ;
- liste des participants ;
- détail de l'environnement de travail de secours mis à disposition ;
- organisation de l'exercice (lieu, adresse, horaires, organisation de l'accueil sur le site de repli, documents à renseigner, liste de tâches, questionnaire, journal de bord, présentation du guide informatique).

Le responsable PCA validera également à cette occasion que tous les participants ont bien à disposition leur liste de tâches à réaliser pendant l'exercice. Il annoncera également la tenue du débriefing le lendemain de l'exercice, pour partager les résultats à chaud, et s'assurera de la disponibilité de tous les participants.

Le briefing est aussi l'occasion pour les participants de poser toutes les questions dont les réponses vont fluidifier la réalisation de l'exercice. Les séances de briefing sont toujours riches et permettent de traiter des détails qui n'étaient pas apparus jusque-là dans le processus de préparation et dont la découverte va faciliter le déroulement de l'exercice.

Le briefing est aussi une opportunité pour les équipes techniques et informatiques de présenter les membres de leurs équipes qui soutiendront les participants le jour de l'exercice. Pour un premier exercice dans une entreprise de services, il faut prévoir au moins un informaticien pour sept à huit participants. Lors des deux premières heures, les demandes des participants sont nombreuses, même pour des problèmes mineurs. Si le nombre d'assistants informatiques est suffisant, l'exercice sera plus fluide et les participants auront moins l'impression d'attendre pour régler leurs problèmes.

Le responsable des ressources humaines, le responsable des services généraux, ainsi que quelques directeurs de service, sponsors de l'exercice, peuvent également être présents lors du briefing pour soutenir l'événement. Une intervention de leur part est souvent bienvenue et peut également démontrer l'importance que la direction de l'entreprise accorde à la réalisation de l'exercice PCA.

Un représentant de la communication interne peut également être associé au briefing pour avertir les participants que des photos ou des vidéos seront réalisées le jour de l'exercice. Il faudra, lors de la séance de briefing, s'assurer que tous les participants sont d'accord pour être photographiés ou filmés (droit à l'image). Ajoutés à la couverture « médiatique » de l'exercice (dont l'interview des participants, ils seront autant d'éléments vivants attestant de la réalité des PCA. Ils constitueront des points d'appui pour communiquer en interne sur les PCA.

Animation de l'exercice sur un site de repli

■ Rôle du responsable PCA

Le responsable PCA, le jour de l'exercice, doit à la fois avoir le rôle d'animateur et d'observateur de l'exercice.

Les premières années, le rôle d'animateur peut prendre beaucoup de temps et le responsable PCA peut confier à une autre personne le rôle d'observateur.

Démarrage de l'exercice

Animer l'exercice PCA débute par l'accueil des participants sur le site de repli.

La présence d'un membre de la direction des ressources humaines (ex : responsable du personnel) est un plus qui est souvent apprécié par les participants et qui donne plus de portée à l'exercice.

Le responsable PCA :

- guide tout d'abord les participants vers leur poste de travail en leur présentant rapidement l'environnement de travail ;
- s'assure qu'ils ont bien tous apporté leur liste de tâches à réaliser, ainsi que leur questionnaire à renseigner en fin d'exercice ;
- leur rappelle la nécessité de lire le guide informatique et de faire appel sans tarder à un assistant informatique en cas de problème.

Cet accueil peut paraître évident mais il ne peut pas être laissé sous la responsabilité des équipes informatiques qui sont des acteurs très occupés pendant l'exercice, surtout au début de la journée. C'est aussi l'opportunité pour le responsable PCA de se faire connaître et de mettre en valeur sa fonction auprès des participants qu'il aura peut-être rencontrés pour la première fois la veille lors du briefing.

Déroulement de l'exercice

Pendant la journée d'exercice, le responsable PCA doit veiller à ce que les participants travaillent dans de bonnes conditions et doit les encourager à faire appel à l'équipe informatique en cas de problème. Cela peut paraître simple mais les participants habitués à faire appel au service informatique par téléphone ou par mail hésitent parfois à lever la main pour être aidés. Certains restent parfois bloqués sans demander de l'aide et c'est le rôle du responsable PCA de les encourager à faire appel aux assistants informatiques.

Le responsable PCA, s'il repère des problèmes ou des dysfonctionnements sur les postes de travail des participants, peut également faire appel aux assistants informatiques pour demander leur intervention. Il peut également repérer les dysfonctionnements récurrents sur les postes de travail, en parler aux assistants informatiques et leur demander d'informer tous les participants.

LES POINTS DE VIGILANCE

Rôle du responsable PCA

- Le responsable PCA doit apporter de la fluidité dans cette journée d'exercice et traiter efficacement au fil de l'eau tous les problèmes qui peuvent apparaître. Il est observateur/animateur et doit se manifester, ne pas rester silencieux ou en retrait. Le responsable PCA éprouve trop souvent des difficultés à jouer ce rôle lors des exercices.
- Il doit également constamment veiller à ce que les participants renseignent bien au fil de la journée le journal de bord, et qu'ils indiquent bien tous les dysfonctionnements ou problèmes rencontrés pendant l'exercice. Ils ne sont pas habitués à renseigner ce type de document et certains oublient de le faire ou font simplement une synthèse en fin d'exercice, ce qui n'est pas l'objectif recherché.

Renseigner le journal de bord est une activité à effectuer au fil de l'eau pour notamment être capable de mesurer, après l'exercice, le temps de résolution des problèmes. Si un participant indique seulement en synthèse qu'il a eu des problèmes pour se connecter mais que finalement il a réussi à le faire avec l'aide d'un assistant informatique, ce n'est pas la même information que s'il déclare dans son journal de bord : 9 h 10, impossible de me connecter avec mes identifiants ; 9 h 40, problème réglé, connexion ok.

Le responsable PCA est également en charge d'organiser les éventuelles pauses café/croissants le matin et le déjeuner habituellement prévu, pendant la journée d'exercice. Ces moments permettent de partager l'expérience en cours et de mesurer officieusement la réussite de l'exercice, de percevoir également les dysfonctionnements et les attentes des participants. Il ne faut pas négliger ces instants, riches d'enseignements, au-delà de ce que les participants indiquent dans leurs journaux de bord ou dans leur questionnaire à la fin de l'exercice.

Clotûre de l'exercice

À la fin de l'exercice, le responsable PCA doit s'assurer que tous les participants lui ont bien remis leur journal de bord et le questionnaire, correctement renseignés. Il en profitera pour remercier personnellement chaque personne et leur rappeler l'importance de leur présence lors de la séance de débriefing.

Lorsque les participants sont tous partis, l'analyse à chaud de l'exercice peut débuter avec les assistants informatiques et techniques qui ont participé. Les problèmes majeurs apparus, résolus ou non, doivent être abordés. Le responsable PCA doit s'assurer qu'il a bien compris et qu'il peut traduire en termes simples tous les dysfonctionnements apparus, résolus en cours d'exercice ou restant à étudier par les équipes techniques ou informatiques pour une résolution ultérieure.

Après l'exercice

Préparation de la réunion de débriefing à chaud

Il appartient au responsable PCA de préparer une synthèse ainsi qu'un support simple et accessible pour partager, le lendemain, les résultats de l'exercice avec l'ensemble des participants.

Le responsable PCA doit ainsi pouvoir, en quelques heures, analyser les journaux de bord et les questionnaires. Il doit préalablement avoir préparé sa trame de support car il n'aura que quelques heures pour rédiger sa synthèse. L'intérêt du débriefing à chaud est qu'il se tient juste après les exercices, et non trois ou quatre jours plus tard : les participants auront oublié leur expérience, le débriefing sera alors moins productif et moins vivant.

RETOUR D'EXPÉRIENCE

Les bons éléments pour une synthèse efficace de l'exercice PCA

Le support doit contenir les éléments suivants :

- liste des participants ;
- rappel de l'environnement de travail de secours mis à disposition ;
- problèmes apparus et résolus pendant l'exercice ;
- problèmes détectés pendant l'exercice et en cours d'analyse par les équipes techniques et informatiques ;
- principales remarques des participants dont les améliorations souhaitées (techniques, organisationnelles, humaines) ;
- synthèses des réponses aux questionnaires.

Le responsable PCA, lorsqu'il aura rédigé son support, doit impérativement faire relire la partie relative aux dysfonctionnements informatiques au responsable informatique, avant la réunion de débriefing. Ce dernier doit s'assurer que le responsable PCA a correctement traduit tous les dysfonctionnements. Il peut ainsi rectifier des éléments ou ajouter des informations.

Animation de la réunion de débriefing à chaud

Le responsable PCA présente la séance de débriefing en collaboration avec le responsable informatique et technique de l'exercice. Il doit veiller à lui laisser la parole pour présenter et commenter la partie relative aux dysfonctionnements, résolus ou non, constatés pendant l'exercice. Il ne doit pas hésiter à intervenir pour simplifier ou vulgariser les propos du responsable informatique si ce dernier utilise des termes techniques qui risquent de ne pas être compris par les participants.

La présentation des résultats de l'exercice doit être concentrée sur 30 min environ, afin de laisser du temps aux échanges et aux questions. Si le débriefing est planifié sur 1 h 30 ou 2 h, on pourra faire un tour de table en laissant à chaque participant 1 à 2 min pour s'exprimer. Si le débriefing est prévu pour durer 1 h, seuls les participants qui le souhaitent pourront intervenir.

Il est également important que le responsable PCA mette en valeur les remarques des participants indiquées dans les questionnaires et qu'il indique qu'elles seront prises en compte pour optimiser les PCA et aussi lors de la réalisation du prochain exercice.

La séance de débriefing permet aux participants de mieux comprendre les éventuels dysfonctionnements qu'ils ont pu rencontrer et qui ne sont parfois que des détails non bloquants pour assurer la continuité de leurs activités. Ils sont aussi plus conscients de la globalité et de la transversalité de l'exercice.

Cette session est également une opportunité pour certains participants d'exprimer ce qu'ils n'ont pas osé écrire.

En conclusion, une intervention d'un directeur sponsor de l'exercice, représentant la direction, peut sceller les efforts réalisés et porter l'attention vers l'optimisation des PCA et l'indispensable implication des métiers et des fonctions critiques dans la réalisation des exercices.

L'objectif est de rendre les PCA de plus en plus opérationnels et efficaces.

Rapport d'exercice et présentation des résultats à la direction

Après le débriefing, à partir du support déjà rédigé et des échanges de cette session, le responsable PCA doit à présent rédiger un rapport d'exercice plus étoffé, qu'il devra présenter pour information et validation à la direction de l'entreprise. Au-delà des résultats, le rapport doit faire état d'un plan d'actions (avec les axes d'amélioration des PCA), pointer les efforts de mises à jour à fournir et enfin, proposer dans les grandes lignes le périmètre, le scénario et les objectifs du prochain exercice.

La présentation de ce rapport au comité de direction, quelques semaines après l'exercice, est nécessaire pour que ce dernier valide les résultats et s'implique dans les étapes de mises à jour et d'optimisation des PCA.

Le responsable PCA doit profiter de cette réunion pour rappeler que le PCA est un projet à vie et que les moyens engagés par la direction doivent être constants et récurrents. Le comité de direction doit comprendre que débute à présent une campagne de mise à jour et d'optimisation qui doit s'appuyer sur la dynamique initiée par l'exercice annuel.

LES BONNES PRATIQUES

- ✔ L'objectif d'un exercice est de s'entraîner et de trouver des axes d'amélioration des PCA.
- ✔ Les exercices doivent être réels et permettre la réalisation des tâches critiques (ne pas réduire un exercice à un test informatique).
- ✔ Les actions de préparation ne doivent pas être négligées.
- ✔ Le responsable PCA est l'animateur de l'exercice.
- ✔ Le partage à chaud des résultats de l'exercice avec les participants et les équipes techniques est une étape à ne pas manquer.
- ✔ La présence d'un sponsor, membre du comité de direction, donnera à l'exercice PCA une légitimité.
- ✔ Le rapport d'exercice doit traiter d'éléments techniques, organisationnels et humains : il doit permettre de fixer des axes d'optimisation du PCA et de dessiner les objectifs et le périmètre du prochain exercice.
- ✔ Le rapport d'exercice doit être présenté au comité de direction qui doit valider et engager le plan d'actions et d'optimisation pour l'année suivante.

CHAPITRE 11

Phase 4 (récurrente) : optimiser et mettre à jour son PCA

> « Au fil des années, les PCA doivent être maintenus opérationnels, de plus en plus efficaces et s'intégrer peu à peu dans la culture de l'entreprise, dans toutes ses dimensions : organisationnelle, technique, informatique et humaine. »

Ce chapitre détaille la phase 4 de la méthode, soit l'optimisation et la mise à jour du PCA. Les responsables PCA parlent souvent de mise à jour et de maintien en conditions opérationnelles. Il est néanmoins essentiel de bien percevoir que, chaque année, après les enseignements de l'exercice, la mise à jour doit permettre d'optimiser le PCA dans toutes ses dimensions : organisationnelle, technique, informatique et humaine.

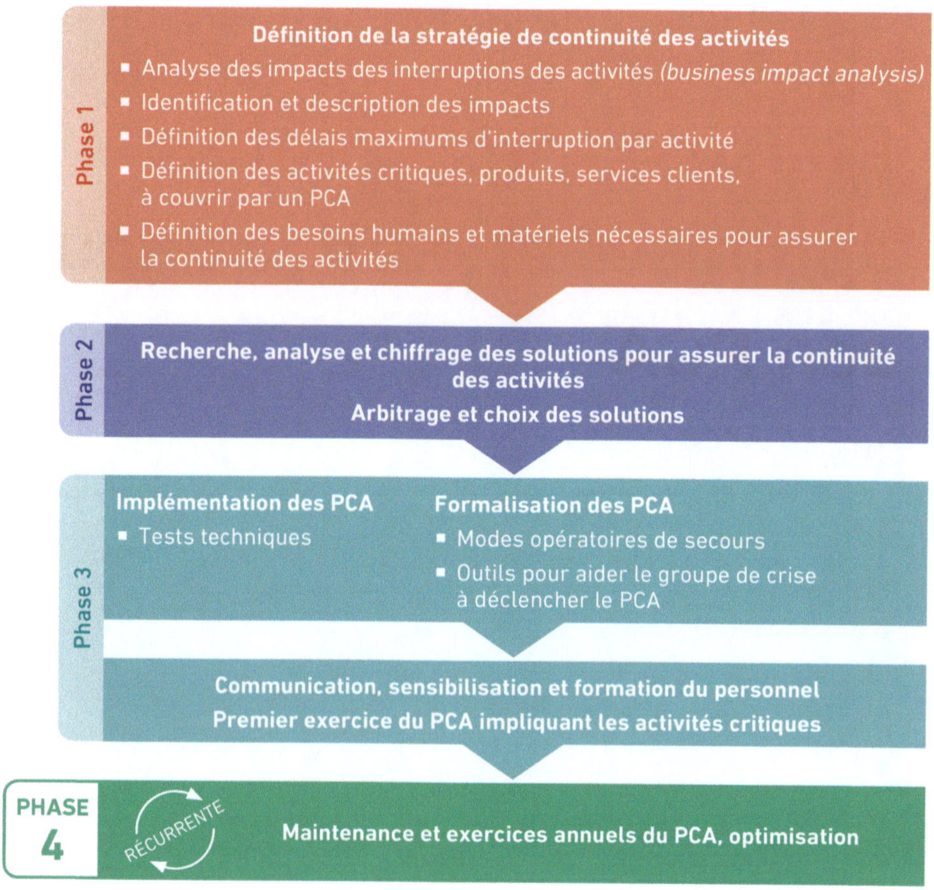

Pourquoi et quand mettre à jour les PCA ?

Au fil des années, les PCA doivent être de plus en plus efficaces et s'intégrer peu à peu dans la culture de l'entreprise. La direction et le personnel de l'entreprise doivent augmenter leur niveau d'information et de compréhension des PCA et, plus globalement, du management de la continuité des activités.

Le responsable de la continuité d'activité doit donc faire évoluer continuellement son entreprise en matière de management de la continuité des activités pour que les PCA s'inscrivent dans une démarche plus globale et constante.

De la nécessité de mettre à jour les PCA chaque année

Les entreprises évoluant rapidement et se réorganisant souvent, les mises à jour des PCA doivent être régulières. L'expérience démontre que des PCA non mis à jour pendant deux ou trois ans deviennent rapidement obsolètes et nécessitent une véritable refonte. L'exercice de mise à jour annuelle peut paraître fastidieux mais il est indispensable. Le responsable PCA doit convaincre la direction de lui donner les moyens et la disponibilité pour le réaliser.

Le management de la continuité d'activité n'est pas une activité ponctuelle, il requiert une attention régulière, il doit peu à peu faire partie de la culture de l'entreprise.

Quand mettre à jour les PCA ?

L'idéal serait de pouvoir mettre à jour les PCA au fil du temps afin de capter en direct tous les changements d'organisation et les évolutions de l'entreprise. Hélas, il est difficile de satisfaire cette exigence et il faut accepter que les PCA, après quelques mois, ne reflètent pas toutes les évolutions ou les changements survenus dans l'entreprise au cours des derniers mois.

Il est recommandé d'organiser « une campagne » de mise à jour des PCA juste après l'exercice annuel, pour bénéficier de la dynamique qu'il a générée. Les trois mois qui suivent la réalisation d'un exercice constituent la période idéale pour réaliser cette campagne. Il est rare que les responsables de la continuité d'activité aient les moyens et la disponibilité de réaliser plus d'une session annuelle d'optimisation et de mise à jour des PCA.

La campagne d'optimisation et de mise à jour

Chaque année, lors de la campagne de mise à jour, le responsable PCA devra veiller à optimiser les PCA. Il s'agira de bien valider la criticité des activités et d'ajuster au mieux les ressources humaines (les compétences) et matérielles strictement nécessaires pour assurer la continuité.

Les solutions de secours (travail occasionnel à domicile ou à distance, sites de repli internes ou externes) devront également être optimisées, avec l'objectif de rendre le PCA plus efficace.

RETOUR D'EXPÉRIENCE

Il faut environ deux ou trois campagnes de mises à jour et d'optimisation pour que le PCA soit tout à fait opérationnel.

Les mises à jour et l'optimisation du PCA doivent refléter les résultats des exercices. Il est primordial pour les participants de constater que leur implication dans les exercices a permis d'optimiser le PCA.

Les évolutions qui concernent les parties techniques et informatiques doivent être réalisées par les personnes compétentes, avec la coordination et le suivi du responsable de la continuité d'activité.

Le mot « campagne » indique qu'il s'agit, pour le responsable, d'organiser chaque année des entretiens spécifiques de mise à jour et d'optimisation, avec l'ensemble des contributeurs déjà rencontrés lors de la construction de la première version des PCA.

Quelle est la méthode la plus efficace ?

À partir des documents existants matérialisant la stratégie de continuité des activités et des modes opératoires PCA, le responsable de la continuité d'activité va mener des entretiens avec les mêmes contributeurs que lors des phases de construction des PCA (phases 1 et 3).

LES POINTS DE VIGILANCE

- Certains contributeurs auront changé et il faudra soumettre à de nouveaux interlocuteurs l'analyse de la criticité de leurs activités faite par leurs prédécesseurs. Il se peut, et cela n'est pas rare, qu'ils aient une vision différente. Ces évolutions pourront rappeler à chaque responsable PCA que la définition de la criticité des activités reste un exercice qui dépend, en partie, de l'appréciation par les contributeurs de l'impact des interruptions des activités. Ils pourront ainsi peut-être définir que des activités sont plus critiques que dans la précédente version de leur PCA ou, au contraire, que certaines le sont moins.

La mise à jour annuelle concerne à la fois la stratégie de continuité des activités et les modes opératoires prévus pour assurer cette continuité, ainsi que les solutions de secours associées qui peuvent, elles aussi, évoluer.

Le temps consacré aux entretiens de mise à jour est variable. Il s'étend généralement entre 1 h 30 et 2 h. Les mises à jour sont ensuite réalisées par le responsable PCA et validées par les contributeurs.

Pourquoi ne peut-on pas laisser les contributeurs mettre à jour seuls leurs PCA ?

Les mises à jour ne peuvent pas être faites directement par les contributeurs parce qu'ils ne maîtrisent ni les méthodes de construction d'un PCA, ni les bonnes pratiques. Ils auront sans doute oublié l'analyse des impacts des interruptions soigneusement menée quelques mois auparavant.

L'expérience démontre, dans presque tous les cas, que les mises à jour laissées à la main des contributeurs voient :

- leur nombre d'activités critiques augmenter ;
- les délais maximums d'interruption réduire ;
- les ressources humaines et matérielles indispensables pour assurer la continuité des activités augmenter.

Le responsable PCA devra donc challenger à nouveau les contributeurs, un par un, et s'entretenir avec eux.

Il est donc préférable, d'emblée, de cadrer les interlocuteurs et de réaliser les mises à jour lors d'un entretien guidé.

Toutefois, dans de rares cas, les mises à jour peuvent être confiées à des responsables d'activité ayant préalablement suivi une formation appropriée.

Même si la campagne de mise à jour annuelle est un exercice long, il est indispensable qu'elle soit réalisée par le responsable PCA pour garder une vision globale et transverse. Il pourra mettre en cohérence et homogénéiser les évolutions et les optimisations.

Sensibilisation du personnel

■ Sensibilisation du personnel nouvellement impliqué dans les PCA

Chaque année, le responsable PCA doit également veiller, après la campagne de mise à jour des PCA, à informer et à sensibiliser tout le personnel nouvellement impliqué dans les modes opératoires (mise à jour des noms des collaborateurs impliqués en cas de déclenchement du PCA).

■ Sensibilisation de l'ensemble du personnel

Si le responsable PCA n'a pas eu le temps de sensibiliser l'ensemble du personnel quant au management de la continuité des activités, il pourra le faire chaque année, de manière régulière, afin que tous les collaborateurs soient informés.

LES BONNES PRATIQUES

- ✔ Réaliser une campagne de mise à jour et d'optimisation une fois par an après l'exercice.
- ✔ La mise à jour des PCA n'est pas un exercice « administratif ».
- ✔ Le responsable PCA doit rencontrer les contributeurs pour mettre à jour simultanément la stratégie de continuité des activités et les modes opératoires.
- ✔ La mise à jour ne peut pas être laissée à la main des contributeurs au risque de modifier le cœur de la stratégie de continuité (ex : réduction des délais maximum d'interruption, augmentation des ressources indispensables pour assurer la continuité des activités, etc.).

CHAPITRE 12

Les fournisseurs critiques et les prestataires de services essentiels

> « Récupérer les PCA de ses prestataires est une première étape de validation mais reste insuffisant. Cela reste des écrits, rien ne garantit que ces plans sont opérationnels et qu'ils assureront, en cas d'activation, la continuité des livraisons ou des prestations dans un délai acceptable. »

Manager la continuité des activités est une démarche transverse qui doit également prendre en compte la criticité des fournisseurs ou des prestataires de services. Dans l'industrie, ces problématiques font partie depuis longtemps des préoccupations des *risk managers* et des responsables des achats. Dans le secteur des services, cette démarche est plus récente et s'intensifie à mesure que certaines activités sont de plus en plus externalisées.

La prise en compte de la criticité de certains prestataires et fournisseurs est indispensable dans une démarche de management de la continuité des activités.

Imposer des PCA à ses fournisseurs

La première étape généralement réalisée par les responsables de la continuité d'activité, associés aux responsables des achats, consiste souvent à demander (ou à imposer) aux fournisseurs et aux prestataires de services critiques la réalisation d'un PCA. Il s'agit dans la plupart des cas d'insérer un avenant dans le contrat existant, demandant au fournisseur ou au prestataire de mettre en place un PCA.

Cette démarche est nécessaire mais insuffisante. L'audit des PCA de fournisseurs ou de prestataires essentiels montre souvent que ces derniers ne mettent pas vraiment en place un PCA garantissant la continuité des livraisons ou des prestations essentielles à la continuité des activités de leurs clients.

Certes, il y a un engagement contractuel, mais si le fournisseur ou le prestataire venait à faire défaut, au-delà des pénalités (qu'il pourra payer s'il n'est pas en faillite après une grave interruption de ses activités), la continuité des activités de leurs clients serait, dans la majorité des cas, sérieusement impactée sans solution de secours anticipée.

Ces avenants souvent succincts dans les contrats sont une démarche nécessaire mais largement insuffisante pour s'assurer de la continuité des activités des fournisseurs critiques et des prestataires de services essentiels.

Demander aux prestataires de fournir leur PCA

La deuxième étape consiste à demander aux fournisseurs et aux prestataires de fournir leur PCA. De nombreux responsables d'achats ou responsables de la continuité des activités sont satisfaits d'avoir récupéré les PCA de leurs prestataires. Il s'agit le plus souvent d'un document qui décrit plus ou moins bien les modes opératoires de reprise et les solutions de secours associées.

Hélas, ces documents, aussi bien décrits soient-ils, ne garantissent pas la continuité des activités des prestataires. Ils rassurent néanmoins sur le fait qu'une démarche de management de la continuité des activités a été engagée. C'est une première étape de validation mais cela reste insuffisant. Là encore, pour avoir analysé plusieurs PCA issus des fournisseurs et des prestataires lors d'audits, cela reste des écrits, rien ne garantit que ces plans sont opérationnels et qu'ils assureront, en cas d'activation, la continuité des livraisons ou des prestations dans un délai acceptable par votre entreprise.

Comment s'assurer de la qualité des PCA des prestataires et des fournisseurs ?

Au-delà des PCA que l'on peut exiger et obtenir, il est intéressant de valider les points suivants, à l'appui d'un questionnaire à construire et à envoyer aux fournisseurs et aux prestataires.

Tous les éléments développés dans cet ouvrage peuvent également servir de référence et de points d'appui pour s'assurer de la qualité des PCA développés par les fournisseurs et les prestataires critiques.

Les points suivants peuvent déjà suffire à alimenter la liste de questions à leur poser.

Questionnaire prestataires et fournisseurs

S'assurer de la qualité de la démarche suivie pour développer les PCA :
▪ origines et historique de la démarche ; ▪ implication et soutien du top management ; ▪ formation du responsable PCA ; ▪ charge de travail du RPCA (année 1 et récurrence) ; ▪ temps consacré par les contributeurs ; ▪ méthode utilisée (entretiens, livrables types) ; ▪ étapes de validation effectuées par le top management ; ▪ budget annuel consacré au PCA.
S'assurer de la globalité et la transversalité de la démarche :
▪ implication de la DRH (ex : règles de travail à domicile, faisabilité des solutions de continuité mises en œuvre, coordonnées personnelles des salariés impliqués) ; ▪ sensibilisation et formation du personnel ; ▪ communication interne ; ▪ implication et coordination avec la DSI, les services généraux, la sécurité, la direction juridique ; ▪ implication des fournisseurs ou des fournisseurs critiques.
Cohérence et homogénéité des PCA :
▪ liste des activités critiques ; ▪ vraisemblance des délais maximums d'interruption ; ▪ définition des niveaux de service ou de production minimums ; ▪ définition des ressources humaines indispensables (acteurs critiques nommés) ; ▪ cohérence et homogénéité des solutions de secours développées (répartition des équipes entre les sites de repli et le travail à domicile).
S'assurer de l'efficacité des PCA développés :
▪ analyse des solutions de secours (site de repli, travail à domicile, réquisition des postes de travail, transfert d'activité vers d'autres sites) ; ▪ implication de la DSI et des services techniques dans l'implémentation des solutions ; ▪ maintenance des solutions de secours ; ▪ fréquence des tests techniques ; ▪ fréquence des exercices avec les activités critiques ;

- contenu et portée des exercices ;
- nombre de participants impliqués dans les exercices ;
- supports des exercices (journaux de bord, questionnaires) ;
- rapports d'exercices décrivant les optimisations à apporter et relatant l'expérience vécue par les participants.

Maintenance et optimisation des PCA :

- fréquence des mises à jour ;
- charge de travail annuelle consacrée aux mises à jour et à l'optimisation des PCA ;
- méthode de mise à jour.

Le traitement des réponses reçues permettra de valider les points forts et les points restant à optimiser. Interroger les fournisseurs ou les prestataires de services essentiels sur les points définis ci-dessus les aidera à identifier les points d'amélioration de leurs PCA.

Ce n'est pas une simple démarche d'audit classique, c'est une démarche visant à faire progresser les fournisseurs et prestataires en leur faisant pointer les axes d'amélioration possible. C'est une démarche à mener avec pédagogie, il ne s'agit pas de critiquer mais de faire progresser, dans votre intérêt, la qualité des PCA des fournisseurs critiques et des prestataires essentiels.

Établir un cahier des charges des prestations minimales souhaitées

Si vous ne souhaitez pas interroger vos fournisseurs ou vos prestataires quant à la qualité de leur PCA, il est toujours possible d'entamer avec eux la démarche suivante, partant de ce constat : vous ne pourrez jamais, même après un audit poussé, vous assurer totalement de l'efficacité du PCA de vos fournisseurs et de vos prestataires critiques. Vous pouvez néanmoins essayer d'établir avec eux un cahier des charges minimum en cas d'activation de leur PCA. Ce qui est intéressant, dans cette démarche, c'est d'établir la liste des exigences minimales de votre entreprise si toutefois un fournisseur ou un prestataire critique venait à déclencher son PCA.

Comment établir ce cahier des charges ? Vous pouvez, avec les services de votre entreprise utilisant les prestations de services ou les biens fournis par les fournisseurs ou prestataires critiques, définir ce qu'il leur faudrait pour assurer la continuité de leurs activités et dans quel délai : niveau de service minimum (à détailler), délai maximum d'interruption, interlocuteurs critiques des fournisseurs et des prestataires qu'il faudrait intégrer dans leur dispositif de secours.

Avant de soumettre ce cahier des charges aux prestataires critiques, il faudra sans doute expliquer votre démarche au top management et travailler en collaboration avec la direction des achats.

Après discussion avec vos prestataires et fournisseurs critiques, vous pouvez également étudier l'intégration d'un avenant au contrat qui décrira le niveau de service minimum que le prestataire pourra offrir en cas de déclenchement de son PCA. Parce qu'en fait, ce qui vous intéresse, plus que de « récupérer » le PCA de vos fournisseurs critiques ou d'en auditer la qualité, c'est de connaître le niveau de service qu'ils pourront assurer en cas de grave interruption affectant la continuité de leurs activités.

C'est une démarche qui requiert également de la pédagogie et de la patience, mais c'est un investissement intéressant à long terme. Les démarches les plus abouties entraînent souvent une garantie minimale de service de la part des fournisseurs ou des prestataires. La réalité démontre également que cette garantie minimale intègre une contrepartie financière que votre entreprise devra prendre en charge et financer chaque année. C'est une « assurance » qu'il faudra payer.

LES BONNES PRATIQUES

- ✔ Exiger contractuellement et demander à vos prestataires de services essentiels et vos fournisseurs critiques de fournir leur PCA est une démarche insuffisante.
- ✔ Auditer la qualité des PCA de vos prestataires critiques est une démarche intéressante qui demande de la pédagogie. Elle ne vous permettra cependant pas de vous rassurer quant à l'efficacité de leur PCA.
- ✔ La rédaction d'un cahier des charges minimum en cas d'activation de leurs PCA et la contractualisation de ce niveau de production ou de service minimum est l'option la plus efficace.
- ✔ N'oubliez pas que de demander à vos prestataires de garantir un niveau de service minimum en permanence s'assimile à une assurance (il faudra sans doute une contrepartie financière).

CHAPITRE 13

Les PCA à l'épreuve de la crise sanitaire

> Les efforts et les progrès qui ont été accomplis
> par les entreprises pour assurer la continuité
> des activités pendant la crise de Covid-19
> sont un socle pour optimiser les solutions de secours
> et faire face à d'autres interruptions plus violentes.

La deuxième édition de cet ouvrage a largement présenté au fil du livre l'impact de la crise sanitaire sur l'évolution des PCA. Ce chapitre spécifique a pour objectifs de synthétiser les enseignements tirés de l'expérience du Covid-19 et de faire comprendre aux directions l'intérêt de maintenir leurs PCA opérationnels.

Les spécificités de la crise sanitaire de Covid-19

Quelques constats :

- La crise a touché simultanément tous les continents en moins de trois mois.
- La majorité des pays se sont confinés à quelques jours ou à quelques semaines d'intervalle.
- L'économie a fonctionné au ralenti pendant quelques semaines hors services essentiels.
- Les entreprises en France ont bénéficié de quelques jours pour s'organiser et permettre le travail à domicile de leurs salariés. L'activité économique ralentie au début du premier confinement a permis de mettre en œuvre le travail à domicile (toutes les entreprises, leurs clients et leurs concurrents ont vécu au même rythme et dans les mêmes conditions imposées par le gouvernement).
- La pandémie n'a pas généré un absentéisme bloquant les activités (le plus grand manque de personnel a été ressenti en décembre 2021 et en janvier 2022 alors que les entreprises étaient déjà bien organisées et rodées à la gestion de crise).
- Les Français n'avaient jamais vécu un tel événement et se sont strictement conformés aux directives gouvernementales en les appliquant dans leur foyer, dans leur quartier et dans leurs entreprises.
- Face à l'imposition du télétravail, aucune résistance n'est vraiment apparue pendant les premières semaines. L'ensemble des salariés a changé drastiquement son mode de vie et de travail et s'est adapté, parfois dans des conditions difficiles, aux contraintes du travail à domicile.

- Au fil des confinements, les directions, peu à peu rodées à la gestion de la crise sanitaire, ont pris confiance dans leur capacité à gérer un événement exceptionnel.
- Les entreprises de services qui avaient un PCA reposant sur le travail à domicile ont pu réagir efficacement. Seules les problématiques de courrier entrant à scanner pour alimenter le personnel à domicile ont été réglées à chaud.
- Les entreprises de services qui n'avaient pas de PCA ont plus ou moins bien réussi, à chaud, à organiser le travail à domicile de leurs salariés en quelques jours ou en quelques semaines. Elles n'ont pas trop souffert car le reste des entreprises subissaient le même sort et l'activité économique était ralentie.
- Certaines directions d'entreprise du secteur tertiaire pensent qu'aujourd'hui elles n'ont plus besoin d'un PCA parce que tous leurs salariés peuvent travailler à domicile.
- Dans l'industrie, les effets de la crise sanitaire ont été plus violents : difficultés à respecter la distanciation sociale, absentéisme à des postes clés, rupture ou perturbation des approvisionnements, difficultés à expédier, augmentation des coûts de transports, etc.

Se préparer à faire face à des interruptions soudaines et brutales

Incendie, attentats, cyberattaque, occupation des locaux par un groupe de pression, prise d'otage, pandémie façon Ebola, sont autant d'événements soudains dont les conditions de survenance sont bien plus violentes et brutales que la récente crise sanitaire.

Il ne s'agit pas de se préparer à sortir des locaux pour travailler à domicile pendant que tous vos concurrents sont en train de faire la même chose. Vos locaux sont indisponibles, vous avez été obligé de les quitter brusquement sans prendre le temps d'emporter vos précieux PC portables ou bien vous êtes subitement « coupés » de tous vos systèmes d'informations, données, applications, mail en cas de cyber-attaque, etc.

Il s'agit donc bien de continuer à se préparer à anticiper des interruptions d'activité dont la nature et la portée sont différentes de la récente crise sanitaire.

LES BONNES PRATIQUES

- Vous devez vous préparer à subir des interruptions majeures et soudaines qui n'impactent que votre entreprise, laissant ainsi la plage libre à vos concurrents si vous n'êtes pas capable de réagir très vite.
- Les efforts et les progrès qui ont été accomplis par les entreprises pour assurer la continuité des activités pendant la crise de Covid-19 sont un socle pour optimiser les solutions de secours pour faire face à d'autres interruptions plus violentes.
- Parce que depuis le 11 septembre 2001, des événements totalement imprévisibles n'ont cessé d'apparaître (dérèglements climatiques, crises politiques, pandémies, cyberattaques simultanées), ce n'est pas le moment de relâcher les efforts...

CHAPITRE 14

Les PCA pour faire face aux cyberattaques

> « Le risque de survenance d'une cyberattaque est aujourd'hui le scénario d'interruption majeure avec la plus forte probabilité d'occurrence. »

Nous avons, au cours de cet ouvrage, déjà évoqué les spécificités d'une cyberattaque. Lorsqu'elle survient, les systèmes informatiques nominaux sont encore aujourd'hui, dans la plupart des cas, stoppés en partie ou totalement. Vous n'avez plus accès à votre environnement de travail informatique habituel, ni à votre messagerie, ni à internet.

Pendant que le groupe de crise négocie avec les hackeurs (payer ou ne pas payer de rançon), la direction informatique se démène pour trouver des solutions pour remettre à disposition des utilisateurs les systèmes d'information. Les systèmes de secours sont rarement activés, par peur qu'ils n'aient, eux aussi, été contaminés. Notre objectif ici n'est pas d'analyser les composantes techniques des différentes natures de cyberattaques qui peuvent survenir, ni de présenter des solutions techniques.

Notre intention est plutôt de nous concentrer sur ce que font certaines entreprises pour essayer d'assurer la continuité des activités en cas de survenance d'un tel scénario de rupture des systèmes d'information.

LES POINTS DE VIGILANCE

- Le risque de survenance d'une cyberattaque est aujourd'hui perçu comme le scénario d'interruption majeure ayant la plus forte probabilité d'occurrence. Les PCA qui couvrent l'indisponibilité d'un site et qui reposent sur le télétravail ou un site de repli ne seront d'aucune utilité pour faire face à une attaque cyber. Le personnel sera privé en quelques secondes de son accès au réseau, à ses applications, à ses données et à internet.
- Rares sont encore les entreprises qui ont conçu des PCA spécifiques car les moyens à engager sont importants, aussi bien pour les investissements techniques et informatiques que pour la quantité de travail des équipes en charge de les développer.
- Les solutions sont longues et coûteuses à développer.

Est-ce qu'une cyberattaque peut être couverte par un PCA ?

Sans accès aux systèmes d'information ni à internet ni aux messageries, il est difficile d'envisager la continuité des activités critiques.

L'objectif est de ne pas se retrouver devant un écran noir et une page blanche.

On peut identifier tout ce qui peut encore se faire « manuellement », de façon très dégradée, mais quand on pousse la réflexion, on s'aperçoit que ces modes manuels, à part dans de rares cas, ne sont pas tenables plus de quelques heures ou de quelques jours sans générer d'autres dysfonctionnements ou prendre des risques qui fragiliseront encore plus l'entreprise.

Des PCA spécifiques peuvent être construits pour les activités les plus vitales. Il va falloir prendre le temps de les construire par temps calme, de se donner les moyens et de les maintenir opérationnels aussi longtemps que cette menace pèsera sur les entreprises.

RETOUR D'EXPÉRIENCE

- Les événements survenus ces dernières années montrent qu'une attaque cyber prive une entreprise de son système d'information pendant une durée indéterminée, comprise le plus souvent entre trois semaines et trois mois.

Que font les entreprises les plus avancées dans les PCA cyberattaques ?

Elles réduisent le périmètre de leurs activités critiques

Si leurs PCA habituels couvraient toutes les activités qui ne peuvent pas s'arrêter plus d'une semaine, elles posent désormais le curseur des activités critiques à J + 2 ou à J + 3. Toutes les activités qui ne peuvent pas supporter une interruption de plus de deux jours feront partie du périmètre du PCA cyberattaque, les autres ne sont le plus souvent pas couvertes.

L'objectif est de concentrer le coût des solutions de secours sur les activités les plus vitales. Il faut cependant que cela ait du sens et cela dépend de la nature des activités de chaque entreprise.

■ Elles construisent des solutions de secours pour leurs seules activités vitales

Cela veut dire qu'elles développent une informatique locale isolée, non connectée au système d'information habituel, pour permettre à quelques services de continuer certaines de leurs activités les plus vitales.

Ces solutions sont coûteuses à développer et le temps nécessaire pour les maintenir opérationnelles est conséquent. Ce sont aussi des choix qui remettent en cause toute la logique informatique déployée depuis une quinzaine d'années pendant lesquelles les directions informatiques ont fait la chasse aux systèmes locaux et aux données stockées sur des PC ou sur des disques durs gérés par les utilisateurs.

■ Elles mettent en place un système de messagerie toujours accessible

Un système de messagerie isolée et de secours est activé en cas de cyberattaque : adresse mail de secours pour le personnel du PCA cyberattaque et également pour tout le personnel des PCA dont le délai maximum d'interruption est inférieur à cinq jours. Ces adresses mail permettent aux salariés de communiquer entre eux et aussi avec leurs contacts extérieurs sans utiliser leurs adresses personnelles.

Toutes les adresses mail génériques font également l'objet d'une mise à disposition garantie en cas d'attaque cyber.

■ Elles mettent en place des modes opératoires spécifiques PCA cyber

Des modes opératoires spécifiques sont conçus pour les activités vitales, avec des priorités revues et adaptées : il faut expliquer au personnel impliqué comment travailler à partir des données sauvegardées non exhaustives et à partir d'outils informatiques simplifiés (Excel, Word, etc.).

Chaque responsable de service doit définir un cahier des charges avec les solutions de secours qu'il lui faudra au minimum développer et mettre en œuvre par temps calme pour faire face aux écrans noirs.

EXEMPLE

Extrait du contenu d'un cahier des charges

- Type d'activités et évaluation du volume que l'on pense maintenir à partir des modes opératoires de secours.
- Adresses mail génériques et personnelles de secours à créer.
- Nombre de PC isolés nécessaires par service.
- Contenu des clés USB à mettre à jour chaque semaine ou mois avec les informations pour redémarrer sans système d'information à partir des PC isolés. Ces clés seront vérifiées par la DSI avant utilisation, pour s'assurer qu'elles ne sont pas contaminées.
- Impressions à réaliser chaque semaine si non-utilisation de clé USB (et stockage des documents papier en lieu sûr).
- Données à stocker sur les PC isolés.
- Pour les fournisseurs, clients ou partenaires à impliquer dans l'analyse de faisabilité des solutions de secours (prestataires d'applications informatiques par exemple) : solutions de secours envisagées.

LES BONNES PRATIQUES

- ✔ Des modes opératoires spécifiques PCA cyberattaques pour les activités vitales à J + 2 sont conçus avec des priorités revues et adaptées.
- ✔ Des tests doivent être réalisés plusieurs fois par an pour s'assurer de l'efficacité permanente des solutions développées.

Conclusion

La récente crise sanitaire, la multiplication des cyberattaques, la guerre en Ukraine, les crises politiques, les dérèglements climatiques, la crise énergétique et probablement d'autres pandémies dont on ne connaît encore ni l'origine ni la portée sont autant d'événements qui viendront de nouveau perturber la vie des entreprises et impacter la continuité de leurs activités.

Les directions ne peuvent plus éviter de se pencher sur ces événements dont leurs entreprises subiront les impacts.

Si les dirigeants avaient le temps de prendre du recul, ils se rendraient compte que leurs décisions stratégiques doivent intégrer le management de la continuité de leurs activités.

Anticiper des solutions pour assurer la continuité des activités est un investissement à moyen terme et pas seulement une contrainte à gérer ponctuellement, et parfois dans l'urgence, pour satisfaire la réglementation, les clients ou les actionnaires.

Les entreprises doivent également rapidement penser à investir dans la formation de leurs responsables PCA et de leur *risk managers* qui manquent encore souvent de méthode, d'outils pragmatiques et de temsp pour progresser et maîtriser le management de la continuité des activités.

Il y a cinq ans, je terminais la première version de cet ouvrage avec la phrase suivante :

« Quand les dirigeants auront compris que manager la continuité des activités développe la résilience de l'entreprise mais augmente également à terme la valeur de leurs actifs, nous pourrons espérer qu'ils investiront les moyens nécessaires pour développer des PCA efficaces qu'ils sauront garder opérationnels. »

Ce constat est hélas encore d'actualité…

CNPP Éditions

Direction éditoriale et relation auteurs
Géraldine Guichard : geraldine.guichard@cnpp.com

Édition
Virginie Malicot : virginie.malicot@cnpp.com
Anne Mesnil : anne.mesnil@cnpp.com

Diffusion
Sandrine Gagnat : sandrine.gagnat@cnpp.com

Fabrication
Lucile Boittin : lucile.boittin@cnpp.com

Retrouvez nos publications sur **cybel.cnpp.com**

Cybel e-boutique CNPP Éditions

Création graphique et mise en pages : Christine Brianchon

Achevé d'imprimer en octobre 2024 par Isi Print – 93120 La Courneuve
Dépôt légal à parution – Imprimé en France